/43 maneras de ganar más (y mejor) dinero en la empresa

PROFIT
editorial

Profit Editorial, sello editorial de referencia en libros de empresa y management. Con más de 400 títulos en catálogo, ofrece respuestas y soluciones en las temáticas:

- Management, liderazgo y emprendeduría.
- Contabilidad, control y finanzas.
- Bolsa y mercados.
- Recursos humanos, formación y coaching.
- Marketing y ventas.
- Comunicación, relaciones públicas y habilidades directivas.
- Producción y operaciones.

E-books:
Todos los títulos disponibles en formato digital están en todas las plataformas del mundo de distribución de e-books.

Manténgase informado:
Únase al grupo de personas interesadas en recibir, de forma totalmente gratuita, información periódica, newsletters de nuestras publicaciones y novedades a través del QR:

Dónde seguirnos:

 @profiteditorial

  Profit Editorial

Ejemplares de evaluación:
Nuestros títulos están disponibles para su evaluación por parte de docentes. Aceptamos solicitudes de evaluación de cualquier docente, siempre que esté registrado en nuestra base de datos como tal y con actividad docente regular. Usted puede registrarse como docente a través del QR:

Nuestro servicio de atención al cliente:
Teléfono: **+34 934 109 793**
E-mail: **info@profiteditorial.com**

/43 maneras de ganar más (y mejor) dinero en la empresa

IDEAS PRÁCTICAS PARA MEJORAR LOS RESULTADOS DE TU EMPRESA Y DE TU VIDA.

Oriol López Villena

Prólogo de Oriol Amat

Todas las publicaciones de Profit están disponibles para ediciones personalizadas por parte de empresas e instituciones en condiciones especiales. Para obtener más información, póngase en contacto con: info@profiteditorial.com

© Oriol López Villena, 2026
© Profit Editorial I., S.L. 2026

Diseño de cubierta: XicArt
Maquetación: Aina Pongiluppi / D'ainagràfic

ISBN: 979-13-87796-70-9
Dipòsit legal: B 1604-2026
Primera edición: marzo de 2026

Impresión: Gráficas Rey
Impreso en España — *Printed in Spain*

«El autor te va guiando paso a paso durante los 43 puntos, sin invadir tu capacidad de decisión, para ayudarte a priorizar y a satisfacer las necesidades personales como empresario, las cuales, una vez fijadas y aunque *a priori* no lo parezca, se reflejarán de forma positiva en la gestión y en los resultados de la empresa.»

Jordi Ribot (Fustier)

«Estamos ante un libro fácil de leer: los capítulos son breves, ágiles y muy estructurados, lo que te permite ir directamente al tema que te interesa en cada momento. Fomenta la reflexión interna y te empuja a pensar en el "porqué" de las cosas, ayudándote a pararte y a respirar. Para los empresarios, es una herramienta práctica que se puede aplicar en dosis pequeñas: cada capítulo te propone un enfoque diferente, de forma que su integración a la empresa no resulta abrumadora. En definitiva, una lectura útil y orientada a la acción, pensada para impulsar mejoras reales paso a paso.»

Elisabet Moragas (Moragas)

«Oriol López Villena nos ofrece un conjunto de ideas en formato capítulos que bien podrían ser una guía integral de la buena gestión, una visión de cómo dirigir y liderar la empresa, y la vida (la profesional y la personal), con eficiencia, habilidad y propósito.»

Pep Aragonès (Squarepoint)

«Este libro refleja perfectamente la manera de entender la empresa del autor. Es una guía clara y práctica que te ayuda a reflexionar sobre el verdadero objetivo de tener una empresa, poniendo a la persona en el centro sin perder de vista los resultados. Un libro ágil, útil y honesto, que te acompaña a tomar decisiones y a ganar más sin renunciar a tu propósito.»

Yolanda Bravo (GTA)

«Este libro es excelente tanto para quien empieza como para quien ya hace años que lidera un negocio. Aporta consejos e información necesaria para una parte fundamental de tu empresa: el dinero.»

Daniel González (Come In Bookshop)

«Estoy plenamente de acuerdo con todo lo que afirma Oriol López Villena en este nuevo libro y, en más de una ocasión, nos hace ver que, a veces, hay que ser drásticos con las decisiones y centrarnos en el "foco" principal. Gracias por hacer fácil lo que parece bastante difícil. No pares de dar vueltas.»

Josep Gallardo (GP Textron)

Índice

Prólogo

Hablar de dinero continúa generando, todavía hoy, cierta incomodidad. A menudo se considera un tema menor, excesivamente práctico o incluso poco elegante. Aun así, la realidad es tozuda: una parte muy relevante de las decisiones que tomamos a lo largo de la vida —personales y profesionales— tienen una dimensión económica clara. Cómo ganamos el dinero, cómo lo gestionamos, cómo lo protegemos y cómo lo hacemos crecer condiciona de manera directa nuestra libertad, nuestra tranquilidad y, en definitiva, nuestra calidad de vida.

Este libro nace de esta evidencia, pero también de otra constatación menos cómoda: el sentido común, tan invocado en finanzas y en empresa, no es siempre el más común de los sentidos. Demasiado a menudo se toman decisiones económicas basadas en modas, titulares atractivos o promesas de ganancias rápidas, y muy pocas veces se hace una reflexión serena sobre los riesgos asumidos, el horizonte temporal o la coherencia con los objetivos vitales de cada persona o empresa.

Oriol López Villena escribe desde la experiencia de muchos años asesorando a empresarios y directivos que tienen que decidir en entornos reales, con información incompleta y consecuencias reales. No escribe desde la teoría ni desde un laboratorio de ideas, sino desde el contacto continuo con pymes que quieren crecer y prosperar sin poner en riesgo aquello que ya han construido. Esta trayectoria explica muy bien el hilo conductor del libro: una apuesta clara por planteamientos prudentes, sólidos y orientados a la acción.

En finanzas, a menudo se afirma que solo hay dos estrategias: la prudente y la mala. Este libro se sitúa, sin ningún tipo de duda, en la primera. Huye de fórmulas milagrosas, de discursos sobre ganar dinero fácil y de caminos aparentemente rápidos hacia la riqueza que esconden niveles de riesgo que no todo el mundo puede —ni quiere— asumir. No se trata de demonizar el riesgo, que es inherente a cualquier decisión económica, sino de entenderlo, medirlo y decidir conscientemente si encaja con la situación y los objetivos de cada uno.

En este sentido, el libro contrasta con determinados planteamientos muy presentes en el imaginario colectivo reciente, como por ejemplo la idea de que invertir en determinados activos de moda garantiza rendimientos elevados sin esfuerzo ni conocimiento. La experiencia nos recuerda que, como ha pasado con muchos inversores en criptomonedas o productos altamente especulativos, las ganancias potenciales a menudo van acompañadas de pérdidas que no todas las personas están dispuestas —emocional y patrimonialmente— a asumir. Este libro no promete hacerte rico rápidamente; te propone, en cambio, tomar mejores decisiones a lo largo del tiempo.

Las 43 maneras que se exponen no son recetas universales ni aplicables mecánicamente. Son ideas prácticas que invitan a pensar, a revisar hábitos y a actuar con criterio. Algunas parecerán obvias, pero no por eso son fáciles de aplicar. Justamente porque el sentido común no siempre es habitual, recordar los cimientos —controlar la tesorería, entender los números, priorizar, evitar riesgos innecesarios— es a menudo más valioso que descubrir conceptos sofisticados.

Otro acierto del libro es que no separa las finanzas de la vida. Ganar más dinero tiene sentido solo si este dinero sirve para vivir mejor, con más margen de decisión y menos estrés. Esta visión integral, que conecta empresa, finanzas y calidad de vida, es una constante en la manera de trabajar del autor y una de las razones por las cuales su asesoramiento es tan valorado por empresarios de perfiles muy diversos.

El tono es claro, directo y honesto. No hay condescendencia ni promesas vacías. Hay experiencia, reflexión y una invitación constante a asumir la responsabilidad propia. En un mundo empresarial a menudo ruidoso, donde abundan los consejos simplistas y las soluciones rápidas, este enfoque es refrescante y, sobre todo, necesario.

Leer este libro es una buena oportunidad para detenerse, revisar cómo tomamos decisiones económicas y preguntarnos si aquello que hacemos nos acerca realmente a aquello que queremos. Si consigue que el lector sea algo más prudente, algo más consciente del riesgo y algo más coherente en su relación con el dinero, ya habrá cumplido una función fundamental.

Porque, finalmente, no se trata de hacer más ruido ni de correr más, sino de decidir mejor. Y esto, tanto en finanzas como en empresa, acostumbra a ser la mejor estrategia posible. En definitiva, el último libro de Oriol López es un libro muy recomendable para cualquier persona, empresario o profesional que quiera mejorar sus resultados económicos sin perder la cabeza, el criterio ni el sentido de lo que realmente importa.

Oriol Amat
Catedrático de la UPF BSM y presidente de la Fundació
Economia i Empresa y del Observatori de la PIME

Introducción

Gana en la empresa sin perder en la vida.

El experto en dirección empresarial Peter Drucker decía que, si bien el dinero no es el propósito de una empresa, sí que es un test de su validez. Años más tarde, el actor y director Woody Allen dijo en una de sus películas que «el dinero no compra la felicidad, pero produce una sensación tan parecida que sería necesario un especialista en la materia para comprobar la diferencia».

Esto nos lleva a una conclusión que a menudo se olvida en debates que pretenden centrarlo todo en aspectos más atractivos y suaves para la opinión pública empresarial, como los valores, el equipo o el legado. Porque el dinero es importante, tanto en la empresa como en la vida.

Es simple. Una empresa debe hacer dinero, moverlo y protegerlo, de manera que pueda seguir añadiendo valor a sus socios, familia, equipo, clientes y sociedad. De la misma forma que sin música no hay canción, sin dinero no hay negocio, ni valores, ni equipo ni legado.

Cuando ciertas ONGs contactan conmigo para que colabore, y utilizan como argumento de venta el hecho de que cada euro que aporte irá íntegramente a las personas a las que quiero ayudar, me asusto. ¿Quién mantiene la estructura necesaria para que la ayuda sea eficaz? ¿Cómo garantizan la continuidad del proyecto en momentos complicados si no ahorran? ¿Cómo afrontarán nuevos proyectos solidarios y harán crecer a la entidad para multiplicar su efecto si solo dependen del voluntarismo de los participantes? Dice la consultora Kris

Putnam-Walkerly, en su magnífico libro *Delusional altruism: why philanthropists fail to achieve change and what they can do to transform giving*, que las entidades sin ánimo de lucro, de hecho, deben tener lucro si quieren cumplir su función social. El propósito es una condición necesaria no suficiente para el crecimiento.

La pregunta, pues, no es si el dinero es importante, sino por qué lo es. Y si lo hay bueno y mejor.

¿Por qué quieres más dinero?

Motivos para hacer dinero hay muchos, y todo el mundo tiene el suyo. Pero lo cierto es que todos acaban resumiéndose en unos pocos, y que nadie tiene uno solo en la cabeza.

Los cuatro motivos que tenemos para ganar dinero son sobrevivir, crecer, ahorrar o retirarnos.

Sobrevivir

Trabajé con una industria alimentaria que facturaba tres millones de euros cuando contactó conmigo, y que la llevaban dos hermanos que eran la segunda generación del negocio. El producto que hacían era bueno y tenían buenos clientes; pero desde la pandemia su beneficio neto era negativo, y estaban preocupados, hasta el punto de plantearse abandonar, porque no veían la salida. De hecho, me aseguraron que no querían que sus hijos heredaran la empresa, por el estrés que suponía la situación. Esto, creían, era efecto de una situación externa como era la covid, y por eso me llamaron, pero si mirabas bien los números anteriores veías que el endeudamiento venía de lejos, y que venía derivado de una caída de los márgenes en la mayoría de sus clientes. Además, ellos (como socios y administradores) no cobraban lo que correspondía a una empresa de ese tamaño por falta de recursos, por lo que los resultados, si bien se aguantaban sobre el papel, no resistían el ajuste del salario que tocaría. Esta caída de los márgenes, así como unos clientes que exigían cada vez más (plazos de pago largos y de entrega más cortos, entre otros) por menos (precios a la baja), les habían obligado a endeudarse, no para invertir, sino para sobrevivir.

Este era su motivo para hacer dinero: sobrevivir.

Bajo esa premisa, nos centramos en una estrategia basada en identificar a los clientes y productos rentables y los que no lo eran, para así tomar decisiones como subir precios y dejar de trabajar para ciertos clientes, y centrarnos en aquellos productos de mayor rentabilidad. Redirigimos la situación en un año, consiguiendo duplicar el margen y ganar dinero, de nuevo. Lo hicimos porque teníamos claro por qué queríamos ganar más dinero, e hicimos todo lo posible para conseguirlo.

Crecer

El segundo motivo por el que una empresa quiere ganar más dinero es crecer. Esto lo vemos en *start-ups* que buscan inversores o en empresas ya establecidas que financian maquinaria o marketing, por poner dos ejemplos. El crecimiento es simple pero no fácil. Mi madre siempre me decía que las cosas cuestan tiempo o dinero; y, a veces, ambas cosas. El crecimiento es una de esas cosas que necesitan o tiempo o dinero. A menudo será tiempo suficiente para que tu equipo comercial haga las llamadas que debe realizar, o para asistir a una feria del sector; o tiempo suficiente para formular e implementar la estrategia de crecimiento con el equipo directivo. Pero, a menudo, además de tiempo, se necesita dinero para montar un *stand* en una feria, contratar a un comercial más o, simplemente, contratar a un consultor que os ayude con la estrategia. En los tres casos, el crecimiento es el motor que nos lleva a querer hacer más dinero, Y ese era el motor que movía a un cliente mío del sector de la distribución que, durante años, había crecido de forma orgánica y que, ahora, habiendo llegado a los diez millones de euros de facturación, quería acelerar el ritmo comprando competidores bien posicionados en mercados donde no tenía suficiente presencia. Ganar más dinero y buscar financiación bancaria fueron las dos fórmulas que implantó esta empresa para triplicar su tamaño en pocos años y conseguir una nueva estabilidad financiera que alcanzó los treinta millones de euros de facturación.

No invertir en crecimiento a tiempo por miedo a otra pandemia, a la guerra o a la llegada de los robots es uno de los principales errores de las pyme. Esto les resta competitividad, porque siguen frenando inversiones que saben que deben hacer y cuando lo hacen, ya es demasiado tarde. Por tanto, asegúrate de que tienes una estrategia clara y compartida que te permita invertir en tu crecimiento, si no quieres que el mundo te pase por encima.

Ahorrar

«¿Qué quieres ser, el más rico del cementerio?»

Con demasiada frecuencia, el ahorro se valora como algo negativo, más relacionado con la tacañería o con la voluntad de acumular a costa de los demás que visto como un hábito financiero sano y deseable para construir los cimientos de la vida que quieres vivir. Es curioso cómo pasamos de decirles a nuestros hijos que ahorren el dinero que reciben en Navidad o en su cumpleaños a transmitirles que demasiado ahorro es malo cuando empiezan a hacerlo.

De hecho, dentro del mundo contable, el exceso de liquidez se ve como un error financiero, que conlleva pérdida de oportunidades, entre otras cosas. Basta con ver el concepto que utilizan los contables para definirlo: tesorería ociosa. Sin embargo, lo cierto es que, si tener más tiempo te permite elegir libremente a qué lo dedicas, tener más dinero te permite, también, elegir libremente a qué lo dedicas.

Las organizaciones y las personas que salieron mejor paradas de la pandemia (y, de hecho, muchas de ellas crecieron y prosperaron a continuación) fueron las que tenían dinero en efectivo. El efectivo es el rey, como decía Jack Welsh, pero también la reina, la sota y el as.

Es la tesorería ociosa (y no el apalancamiento) lo que permitió a muchas empresas familiares superar la pandemia e, incluso, salir reforzadas; y será el ahorro (y no el endeudamiento) lo que permitirá que superes la próxima crisis y crezcas, si eso es lo que quieres. Cuando, tras la pandemia, preguntaba a muchas empresas qué habrían hecho de otro modo sabiendo lo que ahora sabían, todas respondían que ahorrar más y, por tanto, no hacer tanto caso de los informes financieros que señalan en rojo las ratios de liquidez como «tesorería ociosa». La pérdida de oportunidades que provoca el ahorro solo se cumple cuando no tienes una estrategia de crecimiento clara y trabajada. Por el contrario, cuando sabes qué quieres conseguir con el ahorro que generas (incluso tranquilidad), no estás perdiendo oportunidades, sino que abres otras de cara al futuro. Y esto es el ahorro: una mirada a largo plazo.

Retirarte

Algún día querrás dejar el negocio, ya sea para cerrarlo, traspasarlo a algún familiar o, incluso, venderlo.

Pero la pregunta no es cuál de las tres cosas querrás hacer en el futuro, sino ¿qué estás haciendo ahora mismo para que te sea más fácil y provechoso retirarte?

De acuerdo con el experto empresarial Michael Gerber, la única razón para crear un negocio es que puedas venderlo si quieres o bien que te lo hayas «comprado» a ti mismo y te preguntes: «¿Ha valido el precio que he pagado, según los esfuerzos que he puesto, los sacrificios que he hecho y los riesgos que he corrido?»

Si la respuesta es no, es imprescindible pasar a la acción, ¿verdad?

En otras palabras, o haces que valga la pena o es mejor que te vayas y hagas otra cosa con tu vida.

Desgraciadamente, la mayoría de la gente está demasiado atareada para pensar adecuadamente en su retirada o planificarla. Pero existen muchos parámetros que, con la planificación adecuada, pueden ser previstos o capitalizados.

Y aquí es donde entra el dinero. Retirarse, para un empresario, no es tan sencillo como bajar la persiana y esperar a que la Administración pública te pague una pensión (a no ser que te guste el riesgo que comporta no saber si cobrarás ni cuánto cobrarás).

La experiencia nos muestra que, como empresario, cuanto antes empieces a planificar el momento de tu salida, más fácil y gratificante será la retirada. Gracias a mi trabajo con cientos de negocios de éxito, he descubierto siete preguntas que dan el pistoletazo de salida al proceso de planificación de una retirada cómoda y provechosa.

Son estas:

- En principio, ¿cuándo te gustaría estar fuera del negocio?
- ¿Hay alguna fecha antes de la que quieras empezar a tomarte las cosas más tranquilamente?
- ¿Cuánto debería valer el negocio cuando te retires para que te ayude a disfrutar de tu vida postempresarial?
- Además de valer el importe que has descrito en la tercera pregunta, ¿hay algo más que quieras conseguir del negocio en el momento en que te retires?
- ¿Hay alguien que te haya propuesto comprarte el negocio? Si es así, ¿quién, cuándo y por cuánto?
- ¿Tienes alguna preferencia respecto a lo que ocurra con tu negocio cuando te vayas?
- ¿Estás planificando algo para hacer más fácil empezar a tomarte las cosas más tranquilamente y, en su caso, retirarte?

Respondiendo a estas preguntas ya puedes empezar a calcular cuáles son tus necesidades, las de tu familia y las del negocio para ponerte a trabajar en un proceso de retirada que lleve a la empresa desde donde se encuentra ahora hasta donde queremos que llegue.

Tus motivos

Hasta ahora he tratado de contarte los que, para mí, son los cuatro motivos por los que una empresa debe querer hacer más dinero. Pero ya sabemos que en la vida no existe un único motivo que nos mueva. Por eso te animo a analizar los cuatro y a decidir qué porcentajes de interés asignarías a cada uno de ellos, ahora mismo.

Por ejemplo, puede que ahora estés en un buen momento empresarial, pero que dediques más tiempo del deseable al negocio, a expensas de tu familia. En un caso como este, los porcentajes podrían ser similares a los siguientes:

MOTIVO	PROPORCIÓN
Sobrevivir	0%
Crecer	10%
Ahorrar	30%
Retirarte	60%

O puede que te encuentres en el momento de dar un paso adelante y llevar a tu empresa a ser líder en el mercado, sin dejar de crear valor para el futuro y preparándote para los riesgos que afrontarás en este período. En un caso como este, los porcentajes podrían ser los siguientes:

MOTIVO	PROPORCIÓN
Sobrevivir	5%
Crecer	50%
Ahorrar	25%
Retirarte	20%

¿Cuáles son tus motivos? ¿En qué medida? ¿Hay alguno que destaque? ¿Cuál es el primario? ¿Y el secundario?

MOTIVO	PROPORCIÓN
Sobrevivir	
Crecer	
Ahorrar	
Retirarte	

Si conoces tus motivos para hacer dinero tendrás resuelta una primera parte de la ecuación, pero no es suficiente, ya que necesitarás entender cuál es el objetivo final que persiguen los cuatro motivos, y que no es otro que la riqueza.

La riqueza lo es todo

Alan Weiss, consultor y *coach*, dice siempre que la riqueza es el tiempo libre y que el dinero es el combustible que lo alimenta. Estoy de acuerdo. La riqueza, al contrario de lo que pueda parecer, se mide en minutos, y no en euros.

Por eso este libro se titula *43 maneras de ganar más (y mejor) dinero* y no, simplemente, *43 maneras de ganar más dinero*. Porque ganar más cantidad de dinero, sin centrarnos en la calidad, es decir, en el resultado que obtienes del dinero en tu vida, no te hará más feliz.

Y aquí entra el *foco*. Una palabra que ha tomado connotaciones de anglicismo en la literatura empresarial, pero que es muy nuestra y significa «lámpara eléctrica de luz muy potente concentrada en una dirección», según la RAE. Puedes hacer más dinero sin demasiado foco, pero lo harás mejor si tienes un punto en el que concentrarte: tu propósito.

Propósito

Escribo esto en verano, después de levantarme temprano, escribir mi boletín semanal, responder correos de mis clientes, arreglar los alrededores de la cabaña de madera de los niños, remojarme en la piscina con mi hijo pequeño y hacer una videollamada con un cliente potencial justo antes de comer. Esto, para mí, es el éxito. Poder hacer lo que me gusta, cuando me gusta y con quien me gusta. Y el dinero sirve para ese propósito: ser los cimientos de una vida que me dé libertad para hacer esto un mes de julio.

Sin embargo, sé perfectamente que decirte esto no resuelve nada, y que decir que el dinero sirve para un propósito solo está al alcance de aquellos que ya pueden permitírselo. Y este es el propósito de este libro.

Y así llegamos a lo que decía Peter Drucker sobre el dinero al inicio de este libro. Reconocemos que, aunque el dinero no debería ser el objetivo principal de la vida, sí puede ser un buen indicador del éxito de las decisiones que tomamos para conseguir nuestros propósitos reales.

En definitiva, el dinero te da opciones.

Y este libro ayudará a tu empresa a moverlo y protegerlo de modo que pueda seguir añadiendo valor a tus socios, familia, equipo, clientes y sociedad.

Concretamente, descubriremos juntos cuál es el beneficio real y el deseado, a analizar qué clientes, mercados y productos son más rentables y así centrarnos en las áreas con mayor influencia sobre los resultados, la tesorería y la calidad de vida.

Y esto lo haremos a través de 43 herramientas simples que funcionan, en lugar de ideas complejas que no lo hacen.

/Parte I.
La tesorería

Decía Jack Welch, antiguo CEO de General Electric, que la tesorería es la reina porque fuera el que fuera el beneficio de un negocio, si no se convertía en dinero en el banco no servía de nada.

Además, ganar tesorería es la manera más rápida de hacer dinero, porque las decisiones que tomamos van directas a nuestra cuenta corriente y nos permiten disponer de la liquidez necesaria para seguir creciendo (si lo invertimos), así como de la tranquilidad de poder navegar en la incertidumbre (si lo ahorramos).

Y por eso hablaremos de ello en primer lugar.

Hay seis fuentes diferentes de dinero para nuestra empresa: clientes, proveedores, Administración pública, entidades financieras, socios y activos. Saco de la ecuación socios y familiares, porque queremos hacer más dinero nuevo, y no moverlo entre tu cuenta corriente y la de tu empresa.

¡Vamos, pues!

/1
El balance de situación también existe

Aprende a leer (y a interpretar) los números del estado financiero invisible.

Mientras asesoraba a una empresa industrial para obtener mejor información estratégica y financiera de cara a mejorar sus resultados, hablamos de que, sorprendentemente, la contabilidad es todavía la gran desconocida de la mayoría de las empresas.

Hemos entendido la contabilidad como una obligación con Hacienda y no como una herramienta de trabajo. Esto convierte a los estados financieros en verdaderos enigmas para muchos empresarios, que siguen dirigiendo sus empresas, en el mejor de los casos, mirando la cuenta de resultados para ver qué han facturado y qué han ganado, y preguntándose a continuación: «¿Cómo puede ser que gane dinero, pero que no tenga ni un céntimo en caja?».

Cuando a un empresario le preguntas cómo va su empresa y solo responde con datos como las ventas y el margen, sabes que te encuentras delante de alguien que dirige con un ojo tapado. Y esto es como comprar un coche de segunda mano mirando solo la velocidad a la que puede llegar. ¿Lo harías?

Así se lo expliqué a mis clientes. Yo veo la contabilidad como un coche de segunda mano que debes comprar y del que puedes tener dos tipos de información: las prestaciones (velocidad, consumo...)

y el estado en el que se encuentra (kilometraje, mecánica...). Es en estos dos niveles de información en los que actuamos cuando leemos los números de la empresa, y es así como debemos trabajarlo si queremos que la contabilidad deje de ser un trámite y pase a ser un generador de dinero, y no de burocracia.

En primer lugar, muchas empresas se dirigen solo desde la base de sus prestaciones, midiendo a través de la cuenta de resultados y, por tanto, tomando decisiones solo a partir de los ingresos y los gastos, regularmente. Y esto, aunque es necesario, equivale a elegir el coche basándose en aspectos como la velocidad que alcanza, la aceleración o el consumo de combustible, olvidándonos del estado en el que se encuentra.

Si, en cambio, añadimos a esta información el balance de situación, nos encontraremos con una idea más clara de la situación económica y financiera de la empresa a día de hoy, puesto que este estado financiero nos muestra los kilómetros que ha recorrido la empresa, los activos de que dispone o los pasivos que la gravan. Solo añadiendo esta información, el atractivo del coche y nuestras perspectivas de disfrutarlo (y disfrutar del precio) cambiarán, ya que podremos ver no solo cuánto corre, sino también cuánto durará, por ejemplo.

Para resumirlo, el cuentakilómetros registra hasta qué punto el coche ha viajado, y se utiliza a menudo como un factor importante para decidir cuánto vale un coche de segunda mano, por ejemplo. Del mismo modo, el balance de situación mide hasta qué punto el negocio ha viajado. Se trata de una instantánea de cuánto podría valer la empresa, pero, al igual que el cuentakilómetros, nos dice poco o nada sobre...

El balance de situación responde directamente a la pregunta de dónde está el dinero que has ganado o perdido en la empresa, pero lo hace haciéndote mirar a los lugares donde puede estar ese dinero: ya sea en el almacén en forma de stock, en la cuenta corriente de los clientes en forma de deuda a favor o en la maquinaria que utilizas, entre otros rincones.

Por ejemplo, tener demasiado stock provoca tensiones de tesorería, pero tener poco provoca tensiones comerciales y operativas. De ahí que las compras sean tan importantes, y por eso hay que huir de los negociadores que solo buscan margen, sin mirar la liquidez futura. O bien, cobrar demasiado tarde hace que estés financiando a tus clientes sin una ganancia financiera. Sé que te da miedo presionar a quien te compra, pero tienes que hacerle ver que la financiación la dan los bancos, no los proveedores. Por último, un proceso productivo ineficiente provoca que el tiempo que pasa desde que compras la mercancía hasta que la vendes (¡y la cobras!) ya transformada sea demasiado largo y tensione tu tesorería, hasta el punto de poner en riesgo a toda la empresa. Es lo que yo llamo «velocidad del dinero», y es primordial para ganar más dinero en la empresa.

¿Quieres ganar más (¡y mejor!) dinero? Levanta todas las piedras de tu balance de situación.

/2
Cobra antes

Asegúrate de que los clientes paguen por adelantado para mejorar el flujo de caja y reducir riesgos.

Si cobrar siempre y a tiempo es imprescindible para hacer que una empresa perdure, conseguir que el dinero llegue antes de tiempo es un objetivo que todo el mundo debe perseguir si quiere adelantarse al mercado.

Por eso es necesario calcular en primer lugar el ciclo del dinero en tu empresa, para poderlo acelerar a continuación.

El ciclo del dinero es el tiempo que trascurre entre el momento en que pagamos el primer euro para captar negocio y el momento en que este euro nos es devuelto gracias al cobro de la factura correspondiente.

Hay empresas que tienen ciclos muy largos (por ejemplo, una naviera), y otras que los tienen más cortos (una tienda), pero, en cualquier caso, es necesario calcularlos para acelerarlos.

Por ejemplo, una consultora tecnológica para empresas medianas con la que trabajé tenía un ciclo medio del dinero de 300 días. Este era el tiempo que pasaba desde que hacían la primera acción comercial hasta que cobraban la primera factura.

Este ciclo incluía estas siete fases:

1) Prospección

2) Contacto

3) Diagnóstico

4) Propuesta

5) Aceptación

6) Trabajo

7) Cobro

Analizamos el tiempo medio que dedicábamos a cada fase, teniendo en cuenta que la sexta fase (la del trabajo) era la más diversa, ya que variaba en función del proyecto en cuestión, y definimos e implementamos iniciativas para acelerar cada una de estas fases:

1) Prospección. Segmentando mejor para no perder tiempo ni dinero.

2) Contacto. Llamando por teléfono, en lugar de enviar *emails* y esperar.

3) Diagnóstico. Añadiendo mejores preguntas en las reuniones.

4) Propuesta. Haciéndolas más atractivas y orientadas a los beneficios del cliente.

5) Aceptación. Haciendo un seguimiento proactivo de la propuesta.

6) Trabajo. Planificando y mejorando el proceso productivo.

7) Cobro. Ofreciendo un buen descuento por pago a la aceptación.

Esto permitió reducir el ciclo del dinero, de los 300 días anteriores, a 220 días, lo que significaba, en ese caso, 100.000 euros más de tesorería en la cuenta corriente.

Hicimos mejoras en las seis primeras fases, algunas de las cuales las iremos viendo a lo largo de los próximos capítulos, pero el gran cambio fue en la incorporación de un buen descuento que empujaba al cliente a pagar anticipadamente. Esto, como puedes comprender, elimina *de facto* la sexta fase y quita presión a producción.

La idea surgió de mi propia propuesta, que aceptaron pagarla por adelantado porque ofrecía un importante descuento.

Por ejemplo, en la propuesta de consultoría que contrató mi cliente el trabajo duraba unos 4 meses y el descuento era del 10 % si se pagaba por adelantado (lo que hicieron). Pero mis servicios de asesoramiento recurrente, aunque pueden renovarse trimestralmente, casi todos mis clientes los renuevan anualmente y los pagan por adelantado. ¿Por qué? Porque disfrutan de un 12 x 10. Es decir, pagan 10 meses de una vez y les incluyo 12 meses de asesoramiento. ¡Esto equivale a un descuento de más del 16 %!

Huelga decir que esto daña mi beneficio, pero reduce el ciclo del dinero ostensiblemente y me permite invertir o, simplemente, no sufrir. Además, cobrar anticipadamente reduce la burocracia derivada de enviar varias facturas, realizar varias transferencias o remesas de recibos, o controlar cobros y pagos de forma recurrente, lo que nos beneficia a ambos.

Piensa, pues, en qué puedes ofrecer que sea valioso (no solo descuentos), y que haga prácticamente inevitable el pago anticipado de tus facturas.

/3
Echa a los malos pagadores

No dejes que los buenos sentimientos arrastren la buena tesorería.

Nos gustan los finales felices, y por eso damos segundas oportunidades. Sin embargo, el problema no son las segundas oportunidades que damos al mal pagador, sino las terceras, las cuartas e, incluso, las quintas. Siempre con la misma esperanza: esta vez seguro que va a pagar.

Pero no paga.

Cuando respetas tu parte del trato con un cliente, es justo que él respete la suya pagándote en los plazos pactados. Lamentablemente, como todo el mundo sabe, no siempre es así.

¿Cuál es el principal problema de los impagos?

El principal problema de los impagos es que te obligan a vender más para recuperar tu pérdida. ¿Cuánto más? Dependerá de tu margen, pero si, por ejemplo, tu beneficio neto es del 10 % y una factura de 5.000 euros no se cobra, entonces tendrás que vender 50.000 euros de más para compensar la pérdida de beneficios del impago.

¿Qué porcentaje de beneficio neto tenéis en la empresa? ¿Cuál es el coste de una mala deuda?

Motivos para no pagar siempre hay muchos, pero no todos son legítimos, y la mejor forma de comprobar su honestidad es estar atentos a las señales que nos transmite la actitud del cliente.

En primer lugar, un deudor que quiere pagar nos informa con suficiente antelación para prepararnos y siempre antes de que la deuda venza y de que nosotros le llamemos. Si un cliente os debe dinero y no os llama proactivamente para iros informando de cómo y cuándo pagará, ya es una primera señal de que no tiene intención de pagar.

La segunda señal es cuando estas llamadas no incluyen un plan de pago o un gesto de buena voluntad que se traduzca en un pago parcial o, mejor, en una serie de pagos parciales.

Por último, el deudor mal pagador nunca hace nada por cambiar su situación financiera. Una empresa industrial con la que trabajé tenía un cliente que atravesaba problemas financieros desde hacía más de cinco años, y no tomaba ninguna medida para corregirlos, más allá de dar largas a los acreedores, entre ellos mis clientes. Más de una vez se le había ofrecido asesoramiento y conversaciones sobre el futuro de la empresa, pero parecía estar en fase de negación permanente, y la pelota se iba haciendo mayor. Finalmente, la empresa entró en concurso, cuando uno de sus principales acreedores la demandó.

Aparte del dinero perdido de esta venta, mi cliente gastó cantidades ingentes de tiempo y esfuerzos en tratar de cobrar lo que les debía. Comprensible pero inútil.

La mejor manera de hacer dinero a través de los malos pagadores es dejando de trabajar con ellos y dedicando nuestros recursos a los buenos pagadores. Es lo que en bolsa se conoce como *stop loss* y que el premio Nobel Daniel Kahneman identificó como costes hundidos, que son aquellos en los que incurrimos cuando ya hemos invertido tiempo suficiente o dinero para echarnos atrás. Sin embargo, la decisión correcta es echarse atrás y dejar de trabajar con ellos de inmediato.

Solo así podemos recuperar el tiempo que necesitamos para cubrir la pérdida derivada del impago, sin hacerla mayor.

Esto, además, permite centrar el tiempo y los esfuerzos en los buenos pagadores, que nos llevarán a un buen beneficio y a una buena tesorería.

/4
Gestiona los pagos inteligentemente

Retrasa los pagos cuando sea posible, pero mantén buenas relaciones con los proveedores clave.

La teoría nos dice que para mejorar la tesorería es necesario cobrar pronto y pagar tarde, pero la realidad es mucho más compleja.

Efectivamente, jugar con los períodos de pago permite disponer de dinero en la cuenta corriente que no tendríamos si pagamos temprano, por lo que es necesario negociar las condiciones de pago con tanto énfasis como las de cobro.

Por ejemplo, si en lugar de pagar a 10 días pagas a 30 días, tienes 20 días de margen para utilizar el dinero para otros asuntos y esto, cuando lo multiplicas por las deudas comerciales que tienes vivas, representa mucho dinero con el que puedes invertir y, sobre todo, ganar seguridad financiera.

Una clienta, al contratarme como asesor, me pagó la factura en menos de dos horas. Fue sorprendente, puesto que mi factura preveía un plazo de 10 días, pero el contable prefirió dejarlo pagado, y yo lo agradecí. Le pregunté si hacía esto con todo el mundo, y me dijo que sí, porque así ya no debía preocuparse por los pagos y se quitaba trabajo de encima. «¿Y con entidades financieras o administraciones públicas también lo haces?», le pregunté. La respuesta fue también afirmativa.

Es decir, si recibían una multa de tráfico de la furgoneta, o debían pagar el IVA del trimestre, priorizaban la tranquilidad del contable (y de Hacienda, por supuesto) por delante de la tesorería de la empresa.

Sin embargo, la empresaria me aseguró que no sabía que se estaba funcionando así, y como uno de los objetivos que perseguíamos con mi trabajo era mejorar la tesorería, le expliqué que, según mis cálculos, los pagos anticipados a proveedores y acreedores varios ascendían a más de cien mil euros, que deberían estar en su cuenta corriente y no en las de acreedores varios. Mi caso era especial, porque el vencimiento era a 10 días, pero la mayor parte de los pagos eran por deudas con vencimientos de 45 o 60 días, lo que dejaba sin margen a la empresa para invertir, ya que los cobros sí que los recibían, en el mejor de los casos, a 60 días.

Y todo para que el contable estuviera tranquilo.

Establecimos nuevas condiciones de cobro con los nuevos clientes y pedidos, pero sobre todo empezamos a pagar al final del plazo pactado, y no antes, con lo que añadimos entre cincuenta y sesenta mil euros de tesorería fija a la cuenta corriente.

Y diréis: ¿y por qué no logramos los cien mil euros que pagábamos anticipadamente, en lugar de los cincuenta mil?

La respuesta es simple: a dos proveedores que considerábamos estratégicos seguimos pagándoles antes de plazo (pero no dos horas después de recibir la factura) para tenerlos muy contentos, ya que esto nos había garantizado en tiempos difíciles (por ejemplo, durante la pandemia y el choque logístico posterior) un trato de favor en las condiciones de entrega y pedidos urgentes.

Hay que pagar en plazo, siempre, a los proveedores normales; pero también hay que pagar pronto a los que son estratégicos dentro de nuestro proceso productivo, haciéndolo evidente, incluso para conseguir descuentos por pronto pago que nos ayuden, no solo a ganar tesorería, sino también a mejorar márgenes.

/5
Reduce la carga fiscal

Explora formas legales
de minimizar los impuestos.

Cuando dirigía el despacho familiar, me encontré con un cliente que me dijo que quería pagar menos impuestos, y le propuse subirle nuestros honorarios al doble de lo que pagaba. Se rio, y dijo que así ganaría menos dinero, y yo le respondí que era cierto, pero que pagaría menos impuestos.

Los impuestos son la consecuencia, y no la causa, de nuestras decisiones estratégicas y tácticas. Esto significa que desde el momento en que elegimos a qué clientes nos dirigimos, qué mercados abarcamos o qué productos ofrecemos, hasta el momento en que establecemos un precio, gestionamos una entrega o contratamos a un trabajador, estamos actuando sobre los impuestos que pagaremos.

Esto es la planificación fiscal: antes de cada decisión, es necesario levantar todas las piedras posibles para ver qué encontramos debajo.

Hay dos tipos de sistemas para conseguirlo: los definitivos y los provisionales, cada uno con su función y valor.

Los definitivos son aquellos que bajan para siempre la factura fiscal. Una deducción o una bonificación serían buenos ejemplos. Por ejemplo, en España la deducción por actividades de investigación y desarrollo, o innovación tecnológica, es un incentivo fiscal que permite bajar la cantidad a pagar en el impuesto sobre sociedades a aquellas empresas que llevan a cabo determinadas actividades relacionadas con la creación o mejora significativa de productos, procesos o servicios. Esto reduce la carga fiscal a la empresa y, por tanto, mantendrá más tesorería pase lo que pase después. Algunas de estas deducciones, además, permiten (cumpliendo ciertas condiciones) lo que se llama *la devolución directa*, que vendría a ser una transferencia directa de Hacienda a la empresa, en caso de no tener suficiente cuota que compense el beneficio fiscal. Existen, también, ventajas fiscales para determinados colectivos, como las pequeñas y medianas empresas, que tienen beneficios definitivos como tipos reducidos o deducción de gastos no documentados, como la provisión por riesgo de cobro de clientes.

Estos, como se puede ver, son beneficios fiscales definitivos que, una vez aplicados, representan más dinero en la cuenta corriente, para siempre.

Pero la legislación también permite aplicar ventajas fiscales provisionales, o lo que es lo mismo: créditos o diferimientos. Son mecanismos que permiten retrasar el pago de un impuesto un tiempo determinado.

Por un lado, tenemos los aplazamientos de impuestos. El más habitual en España es el del impuesto sobre la renta de las personas físicas (IRPF), que permite aplazar cinco meses el pago del 40 % de la cantidad a pagar sin intereses. Imagínate que tienes la posibilidad de invertir ese dinero en un depósito a 4 meses y al 3 % de interés. Esto significa que Hacienda te está prestando un dinero con el que puedes obtener una rentabilidad o, simplemente, te sirve de almohada en un momento complicado. La gracia de los aplazamientos de impuestos es que, aunque no dejan de ser deuda, tienen dos ventajas: son prácticamente automáticos (y, por tanto, no debes discutirlos con nadie) y tienen unos tipos de interés competitivos. Por tanto, en un momento dado, y siempre con el asesoramiento de un buen profesional, pueden ser una buena vía de entrada de tesorería.

Y, en segundo lugar, tenemos los diferimientos de impuestos, que son ventajas fiscales que se aplican a los impuestos pero no a la contabilidad. Por ejemplo, cuando compramos un activo fijo con un *leasing*, este activo fijo tiene una amortización contable determinada (pongamos del 10 %), mientras que el *leasing* se pagará en cinco años o, lo que es lo mismo, la amortización será del 20 %. Hacienda, en este caso, te permite aplicar este exceso de amortización en los primeros años, a cambio de que en los últimos lo devuelvas. El resultado final no se ve alterado, como puedes ver, pero has ganado tesorería durante un tiempo, de forma gratuita. Otro ejemplo de diferimiento de impuestos en España sería la libertad de amortización, que las pequeñas y medianas empresas pueden aplicar al activo fijo que compran y funcionan de la misma forma.

Sin embargo, en todos los casos, invertir en un buen asesor fiscal te permitirá aprovechar al máximo todo lo que la normativa da de sí con la máxima seguridad posible.

/6
Aprovecha las oportunidades

Utiliza subvenciones y ayudas de forma estratégica sin perder el foco.

Minutos antes de escribir este capítulo recibía un correo electrónico de la Unión Empresarial Intersectorial, de la que formo parte, en el que se informaba sobre 12 ayudas y subvenciones para empresas y proyectos de todo tipo. Desde la implantación de nuevas tecnologías hasta la contratación de determinados perfiles, pasando por inversiones en maquinaria o procesos productivos, la Administración tiene unos presupuestos que debe aplicar y, como empresarios, tenemos la obligación de aprovecharnos incluso para suavizar el impacto de los impuestos en nuestras empresas.

Míralo así: pedir una subvención o un crédito blando forma parte de la planificación fiscal que te permitirá rebajar la presión fiscal a la que estás sometido. De hecho, con algunos de mis clientes calculamos año tras año la presión fiscal real, teniendo en cuenta no solo los impuestos y las cotizaciones sociales que pagamos, sino también las subvenciones o ayudas que recibimos. Esto nos lleva a pasar por el filtro público todas las decisiones de la empresa.

¿Debemos comprar una nueva máquina? Miramos cuál es la mejor opción en términos impositivos (pagar menos impuestos), pero también si existe alguna ayuda o subvención para reducir su carga. Pero, como en los impuestos, no tomamos las decisiones basándonos en esto, sino que lo tenemos presente una vez que la decisión ya está tomada.

Y esto es primordial.

Las administraciones públicas son una fuente de dinero para las empresas, si se saben aprovechar y no nos convertimos en dependientes de ellas. Y convertirse en dependientes es la consecuencia lógica de tomar decisiones en función de la ayuda de la Administración, y no al revés.

No debes cambiar la página web porque haya una subvención que te lo pague, ni contratar a alguien porque tienes acceso a un crédito blando, ni, por supuesto, abrir un mercado para que haya una línea de ayuda para hacerlo. Las decisiones estratégicas son tuyas, y nunca debes dejarlas en manos del legislador.

Ahora bien, una vez tomada una decisión, mirar alternativas de financiación para hacerlas más provechosas para la empresa y para ti es una obligación. Y a menudo me encuentro con empresarios que no dedican esfuerzos suficientes a buscar estos fondos de financiación, *a priori*, gratuitos.

Digo *a priori* porque las subvenciones tienen una contrapartida que puede hacernos caer en la burocracia de la ayuda.

Por eso, antes de lanzarte a pedir dinero a la Administración, asegúrate de que la decisión empresarial ya está tomada y que la financiación pública solo es un complemento, no el motivo. Y, sobre todo, ponlo en manos de un profesional, que no solo busque esas ayudas, sino que también las gestione, para evitar que la burocracia te acabe costando más de lo que consigues y, lo que es peor, te disperse de tu propósito empresarial.

Al fin y al cabo, las pequeñas y medianas empresas son las verdaderas creadoras de puestos de trabajo. Pero su supervivencia es dramáticamente baja: solo un 4 % de las empresas de nueva creación sobreviven más allá de 10 años. Si las políticas públicas quisieran ayudarlas de verdad, reducirían la carga impositiva y simplificarían la burocracia. Dar ayudas en forma de laberintos administrativos es solo maquillaje.

Los 8.000 euros que le darán (tras un largo proceso burocrático) a una empresa que quiere ser más sostenible no compensan el hecho de que la autorización para instalar placas solares tarde siete años. Regalar mentoría financiera a un autónomo que paga más de 200 euros de cotización a la Seguridad Social y está obligado a presentar el IVA es una idea de bombero pirómano. Sácale los 200 euros o establece un mínimo de 100.000 euros de facturación para presentar el IVA, y ya verás cómo mejoran sus finanzas.

Por eso digo sí a aprovechar las oportunidades que te aporta la Administración, pero no te dejes atrapar por la *burocracia de la ayuda*.

/7
Construye relaciones sólidas con los bancos

Haz que el banco sea un aliado en tu crecimiento.

Este no es un capítulo cómodo. Sería más fácil hablarte del mal trato que dispensan los bancos a sus clientes, las comisiones abusivas que cobran y la carencia de empatía a la hora de entender que tu empresa, en horas bajas, necesita dinero para sobrevivir.

Pero no, lo haremos fácil.

Aunque no te lo parezca, tu banco quiere decir sí a dejarte dinero. Simplemente, desea hacerlo con criterio. Su función no es ayudar a la economía ni salvar a empresas, pero quiere dejarte el dinero que necesitas para crecer, siempre que entiendas que no son entidades sin ánimo de lucro y que responden a sus accionistas. Debido a esto, buscan clientes solventes, rentables y fieles, que mantengan una relación honesta, transparente y comprometida.

Con esto en la cabeza, pregúntate: ¿dejarías dinero a un desconocido? ¿Verdad que no? ¿Y si te dijera que es de confianza? Los bancos, tampoco. El banco no es solo un proveedor de dinero: es un socio financiero. Esto significa que necesita confianza, no solo en los números que le presentas, sino también en ti. Por eso, antes de ir al banco a renovar la póliza de crédito o a pedir un nuevo préstamo, es necesario que te pongas en su piel y les pongas delante lo que necesitan, y no solo lo que quieren.

¿Cuál es la diferencia?

El banco te pedirá cuentas anuales, así como los últimos impuestos presentados. Hace esto para actualizar su archivo, ver cómo cumples tus obligaciones con la Administración y analizar tus números para asegurarse de que podrás pagar cuando corresponde.

Ahora bien, esto no es lo que el banco necesita, y dárselo esperando un buen resultado es, simplemente, tener fe, porque la información y documentación que te piden no son suficientes para ganar la confianza que buscan en ti y en tu empresa. Por eso, debes entender bien lo que el banco valora cuando les pides dinero, y que se resume en:

- **Tu plan**. El banco quiere saber qué quieres hacer con el dinero, y cómo generará tesorería en un futuro. Si es un activo a cinco años, solicita un préstamo a cinco años. Si pides poco, desconfían; y si pides demasiado, quieren garantías.

- **Tus garantías**. Si no puede recuperar el dinero en caso de problemas, no te financiarán. Por eso, junto a las cuentas anuales que piden (cuenta de resultados y balance de situación), necesitan una previsión de tesorería que les garantice cómo tienes previsto devolvérselo. Eso sí, como norma general, evita garantías personales.

- **Tu credibilidad**. Por último, la confianza es clave. Ninguna información que adjuntes valdrá para nada si no te ven como un buen empresario que hace honor a sus compromisos y sabe dirigir una empresa. Es necesario, por tanto, que vean que sabes de qué hablas, que tienes información actualizada y que eres ágil proveyéndola.

Por último, no olvides que el banco también es la persona que te atiende y gestionará tu petición. Esto significa que, además de los riesgos inherentes a cualquier operación (si tu empresa funciona o no, si la estructura de la deuda es demasiado pesada o si hay mecanismos de alerta cuando las cosas van mal), existe el riesgo personal de quien firma la operación.

Hacer dinero también es saber acceder a financiación cuando hace falta. Y esto, más que una cuestión de suerte o influencias, es el resultado de tener una buena empresa y saber explicarla. El banco puede ser un socio clave si le das motivos para confiar en ti.

Y esto es relación. Si tienes múltiples entidades, si no compartes suficiente información o si solo llamas cuando necesitas algo, no eres un cliente atractivo para ellos. En cambio, si mantienes una comunicación fluida, cumples promesas y les haces partícipes de tu plan, es más probable que apuesten por ti.

/8
Financia con inteligencia

Utiliza la financiación para impulsar las inversiones estratégicas.

Ya hemos aclarado que los bancos están deseando decir sí a tus proyectos porque su modelo de negocio se basa, entre otras cosas, en prestar dinero a empresas para verlo devuelto con un interés que sea provechoso.

Ahora, pues, toca saber cuándo pedir y cuándo no pedir dinero al banco.

La respuesta rápida es que solo pediremos dinero al banco cuando tengamos que financiar un activo que devuelva (en forma de dinero) más beneficio que los intereses que vamos a pagar. Es lo que se llama *retorno de la inversión* (ROI en inglés).

Déjame que te cuente una historia.

La señora García era una mujer hecha a sí misma. Creó una empresa de construcciones metálicas desde la nada. No tenía dinero ni patrimonio. Solo una profesión normal en un sector normal.

Pero la señora García aprendió rápidamente cómo funcionaba su negocio. Era una cuestión de cantidad y calidad. Es decir, producir cuantas más unidades posibles para los mejores clientes posibles. ¿El resultado?

Una pequeña empresa que creció desde cero hasta cinco millones de euros de facturación en diez años. Ahorró mucho dinero y empezó a invertir en productos financieros, como fondos o acciones, entre otros, para conseguir retornos por debajo del 10 % anual de media, en el mejor de los casos.

Fue en ese momento cuando se hizo la siguiente pregunta: «¿Y si financio la próxima máquina con deuda, mientras utilizo el efectivo para invertir a largo plazo?».

Su marido le dijo que estaba equivocada: «Si tienes dinero en el banco, ¿para qué necesitarías endeudarte?».

Sin embargo, ella sabía que el 4 % (entonces) que el banco le cargaba por la deuda era inferior al 20 % que obtenía gracias a la nueva maquinaria, ya que esta producía productos de alta calidad para clientes de alto nivel, además de lo que obtenía de sus inversiones en el mercado bursátil.

Conocía sus números, y sabía lo que quería conseguir.

La deuda es parte del mundo empresarial. Como dijo Mathon, el prestamista de oro en Babilonia: «Los buenos comerciantes son un activo en nuestra ciudad, por lo que me sale a cuenta ayudarles a mantener el movimiento que hace que Babilonia sea próspera».

Es decir, que cuando los ahorros están en su sitio, la deuda puede ser útil si, y solo si, se vincula al crecimiento. Como la señora García con la maquinaria, la deuda funciona cuando la utilizas para acelerar en la buena dirección. Su empresa invirtió en nueva maquinaria para producir mejores productos para mejores clientes. Además, la deuda iba relacionada con la amortización del activo, por lo que era a corto plazo y largo impacto.

Además, los emprendedores o las expansiones rápidas necesitan fondos que, a menudo, ni los socios ni la empresa tienen. Aquí es donde la deuda hace una entrada triunfante, y donde los negocios deberían tener una idea clara de su futuro, de cara a utilizarla para generar futuros ingresos.

La señora García tenía un claro modelo de negocio y una estrategia de crecimiento que había sido preparada a conciencia, y no como resultado de una visión simplista del mundo empresarial. Además, tenía un interés genuino en los números de su empresa, lo que la llevó a tomar decisiones fundamentadas sobre la observación de su situación real, y no sobre los apriorismos de otros.

Como en el tenis, no puedes añadir velocidad (financiación) a tus golpes, si antes no tienes claro dónde vas a llevar la pelota (dirección) y te aseguras que cae dentro de la pista (control).

/9
Protege tus activos

Asegúrate con criterio para minimizar riesgos.

En 2020 la pandemia hizo que muchos eventos no pudieran celebrarse, y que otros lo hicieran con muchas limitaciones. Fue el caso de los torneos de tenis, que se anularon, como el Trofeo Conde de Godó de Barcelona, o se aplazaron, como Roland Garros.

Sin embargo, una sorpresa saltó cuando la organización de Wimbledon decidió anular el Grand Slam londinense, en lugar de aplazarlo como había hecho el parisino. Inicialmente, la jugada no se entendió, pero a medida que iban apareciendo datos el motivo principal fue evidente.

Roland Garros tuvo que improvisar una solución basada en el aplazamiento, ajustando el aforo, reembolsando las entradas y redistribuyendo premios para los tenistas, entre otras medidas. A pesar de celebrarse, sus ingresos se redujeron drásticamente y tuvo que asumir gastos adicionales directamente.

Wimbledon, en cambio, disponía de un seguro que cubría específicamente la cancelación a causa de pandemia y que, durante los diecisiete años que estuvo en vigor, supuso un coste global de más de 25 millones de libras. Pero, llegado 2020, permitió ingresar 114 millones de libras de indemnización, que pudieron cubrir parcialmente los gastos ocasionados por la cancelación.

Este es un ejemplo de cómo un seguro puede hacerte ganar dinero o, al menos, no perder tanto. Es lo que yo llamo la diferencia entre la rentabilidad aparente y la real, sujeta a los imprevistos, y que se puede estimar haciéndote estas tres preguntas:

- ¿Qué riesgos podrían afectar gravemente a tu negocio?
- ¿Qué te costaría asumirlos sin cobertura?
- ¿Qué coste tendría protegerse?

Como empresa, y como persona, asumes riesgos en tu día a día, formando parte de tu trabajo como empresario identificarlos y establecer medidas preventivas y contingentes.

Hay riesgos inherentes al negocio que no podrás proteger, como por ejemplo que tu producto o servicio sea o no un éxito. Estos riesgos se protegen a través de un modelo de negocio rentable y un buen control de gestión, que te permitan apuntar en la buena dirección y, en su defecto, pivotar rápidamente o, incluso, detenerte para limitar las pérdidas.

Pero una empresa también asume riesgos imprevisibles, como pueden ser un incendio en la nave, la muerte del empresario o una pandemia que obligue a cerrar total o parcialmente. Y es en estos casos en los que es necesario pensar en acciones preventivas, como medidas antiincendios, planes de sucesión y ahorros, pero también acciones contingentes que se activen en caso de que el riesgo aflore. Y aquí es donde un buen seguro puede ayudarte.

Wimbledon no tuvo una bola de cristal, pero sí criterio y paciencia. Pagó durante 17 años un seguro que parecía inútil, hasta que no lo fue.

No se trata de pagar por miedo, sino de proteger por decisión.

/10
Atrae a inversores estratégicos

Entiende qué buscan y cómo puedes ofrecerles valor.

No sé si lo has percibido en tu sector, pero el mundo se está moviendo, y las integraciones son cada vez más habituales en el mundo empresarial. Tengo clientes que compran, clientes que venden y clientes que trabajan para hacerse fuertes en su nicho de mercado. Pero todos tienen claro lo que significa vender, comprar o mantenerse independiente.

Si quieres dinero para tu empresa, pues, formar parte de una buena operación de integración es una de las fuentes más provechosas que hay, porque permite dar un doble salto:

- Cuantitativo, porque multiplica el tamaño de la empresa, su valor y rendimiento hacia la propia empresa y hacia los socios. Por ejemplo, una integración vertical, en la que un fabricante da entrada a un cliente distribuidor como socio, acumula el margen y, por tanto, el beneficio neto que recibe el socio.

- Y cualitativo, porque un mayor tamaño permite crear sinergias y crecer profesionalmente a todo el equipo, incluida la dirección. Por ejemplo, la diferencia entre una empresa media y una grande es que esta última requiere herramientas, hábitos y procesos más sofisticados, que obligan al equipo a formarse y, por tanto, a crecer profesionalmente.

Pero si vuelves atrás, verás que he hablado de una *buena* operación.

Cuando una empresa decide integrarse con otra y, así, conseguir dinero, sus socios esperan que el producto final sea superior a la suma de las partes, pero, desafortunadamente, esto no es así en la mayoría de los casos. De hecho, en la mayoría de integraciones, 1+1 no solo no es igual a 3 (como se espera ilusamente), sino que muchas veces la operación termina con pérdidas por no haber puesto la palabra *estrategia* junto a la palabra *inversor*.

Para evitarlo, es necesario romper la pulsión que todo empresario tiene cuando comienza un proceso de integración y que le lleva a negociar los términos del acuerdo (importe, distribución accionarial, administración, equipos, dirección...), en lugar de preguntarse si comparten visión y cultura, o si tendrán sinergias financieras, operativas y de talento.

Como le dije a un cliente, una industria de 12 millones de euros de facturación que quería absorber una empresa de 3 millones de euros de facturación, es necesario hacerse algunas preguntas sobre la operación antes de tirarse de cabeza a hacerla.

En primer lugar, es necesario reflexionar sobre los objetivos y la estrategia, así como identificar sus potenciales riesgos y desarrollar planes para mitigarlos:

- ¿Cuáles son los objetivos de la operación? ¿Qué esperamos conseguir?
- ¿Cuáles son las razones por las que creemos que tendrá éxito? ¿Cuáles son las pruebas que tenemos para apoyar estas razones?
- ¿Cuáles son los riesgos potenciales? ¿Cómo planeamos mitigarlos?

Una vez aclarado el objetivo de la operación, podemos entrar con más detalle y hacernos preguntas que nos ayuden a desarrollar un plan que sea viable.

Concretamente:

- Visión y cultura. ¿Cuál es la visión ideal de una sola compañía?
- Mercados y clientes. ¿Cómo haremos dinero a corto plazo?

- Personas y procesos. ¿Cómo integrar la organización de ambas compañías?
- Finanzas. ¿Se puede resentir nuestra posición financiera frente a bancos y proveedores? ¿Tenemos preparados los sistemas?

Buscar dinero de un inversor es, pues, un arma de doble filo. Por un lado, nos permite conseguir financiación para todo lo que teníamos pensado hacer. Pero, por el otro, quizás una vez tengamos el dinero, las prioridades cambien.

Por eso es tan importante que, como he comentado al inicio de este capítulo, el inversor sea estratégico y la operación sea buena.

/11
Aumenta el valor de la empresa

Haz que tu empresa sea irresistible para los inversores.

Años atrás, hablando con un empresario que estaba buscando inversor para dar un salto cualitativo y cuantitativo, comentamos lo que era importante tener en cuenta si queríamos hacer la empresa atractiva y maximizar su valor. La empresa, con una facturación de más de 30 millones de euros, partía de unos niveles de crecimiento de más del 20 % anuales desde el inicio, pero no había conseguido todavía la rentabilidad (aunque se acercaba), por lo que dudaba de su atractivo en el mercado. En mi vida profesional me he encontrado con dos perfiles de empresarios que buscan inversores para crecer: los que sobrevaloran la rentabilidad por encima de todo lo demás y los que, mientras el proyecto sea lo suficientemente atractivo, no dan importancia a los números.

Trabajando al otro lado (inversores), sin embargo, te das cuenta de que, para que un proyecto sea realmente atractivo para invertir dinero, lo importante es que sea atractivo para el propio empresario y que, por tanto, garantice rentabilidad futura, calculada a partir de la inversión realizada y el retorno obtenido, ya sea a través de los dividendos o de la futura venta. Por eso, el inversor mira los datos financieros, pero también más allá.

Y ese atractivo, en mi experiencia, se muestra cuando encuentra el *punto dulce*, que es aquel en el que la empresa tiene:

1) Una estrategia clara y compartida a lo largo de la organización;
2) un equipo directivo eficaz, que defina e implemente esta estrategia, y
3) un negocio rentable, que aporte beneficio neto, no solo el ebitda.

Como siempre digo a inversores y empresas que buscan inversor, una buena inversión cumple dos de los tres requisitos, pero el punto dulce se encuentra cuando se cumplen los tres.

Por ejemplo:

- Si la empresa tiene una estrategia clara y compartida y un equipo directivo que la implementa, pero todavía no es rentable, nos encontramos ante una buena visión de futuro y talento, pero sin dinero. Esto significa que deberemos trabajar la parte financiera del negocio, tanto la rentabilidad como la tesorería, para hacerla más sólida.

- Cuando la empresa tiene una estrategia clara y ha logrado la rentabilidad, pero no tenemos un equipo directivo que la implemente libremente, lo que nos encontramos es un buen modelo de negocio, que se comporta como una *start-up* y que depende excesivamente del fundador o los fundadores. Es necesario trabajar en la creación de un equipo directivo eficaz a quien implicar en la definición de la estrategia y en su implementación.

- Por el contrario, una empresa rentable y con un buen equipo directivo, pero sin una estrategia clara y compartida, es un negocio basado excesivamente en la táctica y, por tanto, cualquier traspiés interno o externo puede ponerla en situación de riesgo. El foco, en este caso, debería ponerse a dejar de dirigir reactivamente y empezar a definir prioridades que nos permitan crecer por intención y no por reacción.

Ahora, ¿quieres una gran inversión?

Asegúrate de que la empresa cumple los tres requisitos y tendrás que quitar lo que yo llamo el *punto dulce*; es decir, la oportunidad de invertir en un gran proyecto (si eres inversor) o hacer crecer tu sueño (si eres el empresario).

¿Y si no buscas inversor?

Los inversores invierten en empresas que crecen proactivamente, a través de un buen modelo de negocio (rentabilidad), que tiene futuro (estrategia) y escalabilidad (equipo). Sin embargo, estos tres requisitos no son exclusivos de las empresas que buscan financiación, sino que son la clave para el éxito a largo plazo de cualquier negocio que no quiera quedarse en un eterno puesto de trabajo para el empresario. Por tanto, pregúntate: ¿cuántos de estos requisitos cumples a día de hoy? ¿Qué te falta por conseguir tu *punto dulce*?

/12
Aumenta el retorno de los activos

Optimiza el uso de tus recursos para obtener el máximo beneficio.

En una ocasión, un empresario me comentó que obtenía un 5-6 % de rentabilidad anual de la empresa que había fundado su padre, entre su sueldo y los dividendos que retiraba. Llevaba 10 años manteniéndose en las mismas cifras, y él seguía echando horas y horas que no veía recompensadas económicamente como hubiera sido deseable.

Le dije que para conseguir esa rentabilidad no era necesario tener una empresa, y que podía vender perfectamente el negocio e invertir lo que obtuviera en activos financieros o inmuebles.

Se quedó extrañado.

Tan sorprendido como otro empresario que dirigía una empresa con una rentabilidad para la familia de más de un 30 %, y que derivaba recursos empresariales a inversiones inmobiliarias con rentabilidades del 6-8 %. Con ello, dejaba que la empresa fuese perdiendo comba en el mercado, en lugar de ampliar operaciones y expandirse nacional o internacionalmente, como podría haber hecho. Incluso se planteaba venderla para tener más recursos para ese tipo de inversiones. «Estás dedicando el dinero de un negocio que te da el 30 % a inversiones seis veces menos rentables, cuando podrías hacer crecer el negocio o abrir nuevas oportunidades (incluso fuera de la empresa) que te dieran retornos mucho más elevados, y controlados por ti».

Dicen que las empresas familiares no superan la tercera generación, y en gran medida es cierto, pero también lo es que muchas familias empresarias pierden su propósito: convertirse en los fundamentos de la riqueza, las aspiraciones y el estilo de vida de la familia.

Las familias empresarias tienen intereses que van más allá del vínculo sanguíneo, y que abarcan desde el autoempleo con el que comenzó la aventura empresarial hasta las conocidas como *family offices*, que tratan de gestionar y hacer crecer el patrimonio familiar, incluido el empresarial.

Sin embargo, estos diferentes estadios no están exentos de riesgo, y deben tratarse como lo que son: una inversión. Una inversión tan presente, por eso es necesario que sea rentable, como futura a través de una fuente de oportunidades para las próximas generaciones.

Por ejemplo, en el primer caso, el empresario tiene un puesto de trabajo al que dedica muchas horas y del que extrae un retorno muy bajo, por el riesgo y el esfuerzo que supone. Por eso, ante una situación en la que el crecimiento está estancado en una cifra muy baja, es necesario revisar el modelo de negocio, o bien capitalizar lo creado y destinar los recursos obtenidos a otras inversiones. El riesgo, en este caso, es trabajar para nada.

Sin embargo, en el segundo caso, tenemos una empresa muy rentable a la que no se dedican los recursos suficientes, no solo para hacerla crecer, sino también para mantenerla competitiva. Son familias que parecen haber olvidado cuál es la máquina que alimenta el resto de su patrimonio y que aporta un mayor retorno. En estos casos, hay que buscar dentro y fuera de la familia un nuevo liderazgo que se dedique a hacer crecer su principal fuente de dinero, así como permitir nuevos proyectos que animen a las nuevas generaciones en proyectos de alto rendimiento y futuro.

La empresa es un activo patrimonial y, como tal, es necesario aplicar los criterios que aplicaríamos a cualquier activo y hacerlo funcionar como una máquina que debe aportar la riqueza necesaria para las aspiraciones familiares.

Este activo, además, tiene varios activos en su interior, y todos deben utilizarse con el máximo rigor para conseguir que su retorno sea elevado a largo plazo, y líquido a medio plazo. ¿Y por qué digo esto? Pues porque, al contrario que un activo inmobiliario, que no requiere dedicarle más recursos que los de mantenimiento y que, por tanto, busca sobre todo una rentabilidad tangible de mes en mes, una empresa requiere aportar recursos (tiempo, dinero...) para hacerla duradera y valiosa a largo plazo.

/13
Descubre el potencial oculto

Identifica y utiliza activos infrautilizados para generar mayor valor.

¿Cuál fue la última vez que hiciste una lista de los activos ocultos de tu empresa?

Hace veinte años, me regalaron una plataforma para utilizar el portátil en el sofá y, aunque lo consideré un regalo inútil (no trabajo ni uso el portátil en el sofá) y habitualmente habría buscado a alguien a quien le fuera útil, en este caso lo guardé en un armario por aquello del «¡nunca se sabe!». Pero, un buen día, vi a mi hijo pequeño estudiando en la habitación con el iPad puesto en la mesa y él encorvado leyendo el libro electrónico, y aparecí rápidamente con mi atril con algunos retoques para la ocasión (saqué la plataforma adjunta para el ratón). Desde entonces, este atril se ha convertido en un imprescindible en casa, y lo aprovechamos para leer documentos en el escritorio, leer el periódico cada mañana, grabar vídeos para mi canal o, simplemente, para sostener el iPad mientras mi hijo mira su serie de televisión favorita.

Esto es lo que llamaríamos un activo oculto, y en la empresa hay muchos y variados.

Los activos ocultos son, por ejemplo, cosas que damos porque no utilizamos (mi atril). Cosas que, con algo de imaginación y que no utilizamos, podrían reutilizarse para crear nuevas oportunidades e ideas. En otras palabras, lo que sería tener un «Rembrandt en el desván».

Otros ejemplos serían:

- Productos antiguos. Por ejemplo, los fabricantes de talco para niños se dieron cuenta de que su producto también lo podían utilizar los padres.
- Stock viejo. Que puedes vender a precio de coste, incluir en un *pack* o incluso regalarlo a clientes fieles, entre otros.
- Patentes y otra propiedad intelectual. ¿Dónde está? ¿Qué podríamos hacer?
- Sistemas y procedimientos que, aunque nosotros quizás no utilicemos, otros podrían valorar.
- Ideas y experiencias. Para compartirlas con otros empresarios, publicarlas o incluso venderlas.
- Conocimientos. En función de tu tiempo libre, ¿por qué no hacer de mentor de jóvenes emprendedores que buscan guía en los primeros momentos de su aventura empresarial?
- Antiguos clientes. Un antiguo cliente es siempre un potencial cliente que, además, ya te conoce. Llámale y comparte todo lo que habéis hecho desde que no trabajáis juntos. Aunque os dijo que no, no necesariamente os dirá siempre que no.
- Salas de juntas, plazas de aparcamiento, almacén, suelo, techo, vehículos y otros equipamientos que no utilizamos las 24 horas y que otro puede aprovechar mientras no estamos.

Y podríamos seguir y no terminaríamos.

Por tanto, pregúntate: ¿qué activos ocultos tienes en tu empresa? ¿Qué vas a hacer para aprovecharlos?

/14
Ten una reserva líquida

Aparta un mínimo del 10 % de los ingresos mensuales para asegurarte una estabilidad financiera.

El ratio de ahorros de las familias estadounidenses pasó del 8 % al 32 % en dos meses debido a la pandemia de 2020, según el *Bureau of Economic Analysis (BEA)*. De hecho, si miramos los datos, nos encontramos con que a finales de febrero y marzo el ahorro empezó a aumentar, aunque todavía no había llegado la pandemia a Estados Unidos. A pesar de la superioridad moral con la que a menudo miramos a la sociedad norteamericana, esta es muy consciente de lo que vale el dinero, y por eso ahorran. De hecho, es interesante observar su comportamiento porque, al no tener el mismo grado de protección social que tenemos en Europa, siguen patrones menos influidos por la falsa sensación de seguridad que genera el estado del bienestar y, por tanto, se convierten a menudo en termómetros de lo que vendrá. Por eso, los países del norte de Europa invirtieron grandes cantidades de dinero en su recuperación, mientras que en nuestro país seguíamos pensando en endeudarnos más, sin asumir las consecuencias de nuestra falta de ahorro anterior. Dentro de un sistema de protección social como el europeo, sin la cultura financiera y la austeridad necesarias, puedes acabar pensando que la incertidumbre no existe y que siempre habrá alguien que te va a salvar. Te equivocas.

Como ya he comentado, durante los meses posteriores a la pandemia pregunté a muchas empresas si habrían hecho algo distinto de haber sabido lo que venía. Y, dentro del *top* 3 de respuestas, siempre aparecía haber ahorrado más en los últimos años para tener unas reservas para sobrevivir durante estos momentos de cierre, así como para poder invertir en crecer llegado el momento.

Y, después de pedirles esto, les preguntaba qué deberían estar haciendo ahora mismo para no arrepentirse en el futuro. La respuesta frente a esta segunda pregunta apuntaba prácticamente los mismos retos, entre los que destacaban la estrategia y el ahorro.

A pesar de lo que a menudo se dice, el consumo no lleva al crecimiento ni a la riqueza. De hecho, nunca ha sido así, pero los que hace años que decimos que las finanzas empresariales y nacionales no son muy distintas a las personales, siempre hemos sido tildados de simplistas, en el mejor de los casos.

El consumo, como ya nos enseñó la historia de Robinson Crusoe, no lleva a la riqueza, sino que es el ahorro (en su caso, trabajar un día más, sin consumir) lo que lleva a la riqueza (poder descansar otro día) y no al revés (consumir siempre el coco que recoges). Este era un ejemplo simple de cómo funcionan ciertos parámetros en la economía, pero no por simple deja de ser válido, como hilo de pensamiento. El ahorro lleva a la riqueza y al bienestar.

Recuerdo a un cliente que durante años tuvo lo que los contables llaman *tesorería ociosa*. Todos le decían que era una barbaridad disponer de ese dinero líquido, pero él siempre decía que quería tener capacidad financiera para dos cosas: capear un temporal e invertir en el crecimiento del negocio, ya fuera comprando maquinaria u otras empresas. A lo largo de los más de cuarenta años de vida ha hecho ambas cosas de forma habitual; hoy en día factura más de cuarenta millones de euros y nunca se ha endeudado.

Durante la pandemia, como otras muchas empresas, había visto caer sus ventas prácticamente a cero, pero logró no hacer ningún ERTE y tenía al personal buscando nuevos mercados, pensando nuevos productos y escribiendo sistemas de trabajo. Sí, los resultados se vieron castigados por seguir pagando las nóminas sin vender nada, pero ambos coincidíamos en que invirtió satisfactoriamente en retener el talento (personas), buscar nuevas oportunidades de negocio (estrategia) y mejorar la productividad (trabajo).

Y nada de esto sería posible sin el ahorro, que es lo que lleva al crecimiento, a través de la inversión.

No podemos prever cuáles serán ni cuándo pasarán, pero sí habrá más disrupciones. Y, en tiempos convulsos, la liquidez es la gran estabilizadora, y la deuda, el gran desestabilizador.

/15
La familia

Raramente es una solución, pero no por eso debe descartarse.

Dicen los americanos que, para empezar un negocio, es necesario buscar dinero de *family, friends and fools* (la familia, los amigos y los incautos). Y, aunque el dicho puede sonar divertido, esconde una gran verdad: cuando necesitas dinero, la familia es a menudo la vía más rápida... pero raramente la más sana.

He visto a empresas salvarse gracias a préstamos familiares, y también a familias romperse por estos.

El problema no es el dinero, sino las expectativas que lo acompañan.

Los bancos no te quieren, y eso es una gran ventaja: ellos prestan, cobran y ya está. Pero cuando el dinero llega de un familiar, también llegan las opiniones, los silencios incómodos y las conversaciones pendientes de Navidad.

El dinero familiar puede ser un puente o una trampa: depende de cómo lo atravieses.

Recuerdo a un empresario que pidió un préstamo a su padre para ampliar la fábrica. Acordó devolvérselo con intereses, como cualquier banco, y lo hizo por escrito. La diferencia es que, mientras un banco le hubiera exigido garantías, su padre le dio confianza.

La empresa creció, la deuda se saldó y la relación quedó intacta.

¿La clave? Que ambos entendieron que aquél era un acuerdo financiero, no una prueba de cariño.

Si necesitas capital y piensas recurrir a la familia, hazlo con tres reglas simples:

1) **Trátalo como una operación bancaria.** Define cuánto, cómo, cuándo y en qué tipo. Y por escrito.

2) **Evita que la deuda entre en la mesa.** Las comidas familiares son para hablar de goce y sueños, no de cuotas e intereses.

3) **Cuenta el propósito.** Si el préstamo es para crecer, no para tapar agujeros, será más fácil que todos entiendan el riesgo y el retorno.

El dinero familiar es útil cuando aporta tiempo, no dependencia. No sirve para pagar el pasado, sino para construir futuro.

Por eso digo que raramente es una solución, pero no por eso debe descartarse: puede ser un impulso puntual si hay confianza, claridad y límites.

En resumen, tu familia puede ser tu primer inversor o tu último refugio.

Parte II.
El beneficio

El beneficio de una empresa es la forma que esta tiene de demostrar que añade valor al mercado, y por eso, al contrario que la tesorería, que está más enfocada al corto y medio plazo, es la opción más sólida para conseguir dinero a largo plazo.

La fórmula del beneficio es sencilla:

> Beneficio = Ventas – Gastos generales – Gastos variables

Y su mejora también. Solo hace falta generar ideas para:

- aumentar las ventas;
- reducir los gastos generales, y
- reducir los gastos variables

Y de eso trata esta parte del libro: de aportarte un gran abanico de ideas para mejorar la rentabilidad. No podrás llevarlas a cabo todas, y por eso tienes que empezar por las pocas que te pueden aportar el mayor beneficio con una dificultad de aplicación relativamente baja.

¡Empecemos!

/16
Identifica tu mercado

Atrae a los clientes de manera natural y efectiva.

Uno de los aprendizajes que he adquirido a lo largo de los años es que una necesidad no es un mercado.

Pese a lo que frecuentemente se ha dicho (yo mismo en alguno de mis libros), identificar el mercado no es solo describir un cliente ideal, sino entender cómo este cliente se mueve dentro de un ecosistema real. Tú puedes hablar pensando en este cliente ideal, pero, a su alrededor, aparecerán oportunidades que, sin encajar al 100 %, pueden aportarte rentabilidad, aprendizaje o visibilidad. Estas oportunidades, si son coherentes con tu estrategia, forman también parte del mercado.

Mi mercado son las pequeñas y medianas empresas que desean crecer, prosperar y dejar un legado. Este mercado, lo suficientemente amplio para albergar empresas de diversos tamaños, pero lo suficientemente específico para no atraer grandes conglomerados internacionales ni clientes demasiado pequeños para invertir lo necesario (tiempo y dinero), define todo lo que hago y me permite crecer y mejorar con mis clientes, acompañándolos con nuevos servicios y orientación.

Un cliente del sector de la construcción civil busca lo que él llama *elefantes*, que son proyectos suficientemente grandes para aprovechar las economías de escala y el margen que se deriva, pero no tan grandes que escapen de su control. Sí, a menudo tiene algún proyecto que llamamos *dinosauro*, que le permite estar en contacto con los grandes jugadores de su mercado, que piden unos niveles de control e innovación que no tienen los más pequeños. Y también trabaja con *gacelas*, que le permiten ganar agilidad y mejorar su acompañamiento al cliente, para aprovecharlos en su mercado principal y estar claramente reconocido en él.

Mi consejo es que dibujes este mercado pensando bien en quién forma parte de él, quién no y quién según las condiciones.

En segundo lugar, una vez definido el mercado, conviértete en EL EXPERTO al que acudir. Y no, no hay error. No quiero que seas UN experto, sino que seas EL EXPERTO. El director general de una empresa catalana de servicios de calefacción me explicó tiempo atrás que organizaban cada año una gala del sector para entregar premios a las mejores empresas en distintas áreas. La sorpresa apareció cuando premiaron a su máxima competidora en uno de los galardones, y yo pregunté el motivo: «Si queremos ser reconocidos, debemos ser honestos, y ahora mismo ellos son muy buenos aquí. Eso sí, ¿quién da el premio sino el experto?». Esta pregunta me resonó durante años: ¿quién da el premio sino el experto?

El EXPERTO marca criterio, abre camino y se convierte en la voz a la que los demás acuden para entender qué pasa y hacia dónde va el sector. Esto significa que lo que lo define no es solo la competencia técnica (saber mucho), sino la influencia y la autoridad percibida (ser quien orienta e inspira).

Convertirte en EL EXPERTO es escribir, hablar en público, hacer vídeos, pódcasts y todo lo que su departamento o consultor de marketing le dice que haga, pero no solo eso.

- Participa en todos aquellos eventos y actos que tu sector organiza, pero no te limites a esto: crea los tuyos.
- Da tu opinión, aunque sea contraintuitiva. No evites el debate por miedo a ser corregido.
- Escucha a la competencia, pero también a otros sectores, para tener ideas que rompan el «siempre lo hemos hecho así».

Por último, una vez tienes el mercado identificado y creas la propiedad intelectual necesaria para ser EL EXPERTO, es necesario que lo compartas con tu mercado. Y aquí es donde radica la atracción: crea una comunidad que englobe a clientes, proveedores, colaboradores e, incluso, competencia. Sé la clave de todo, y conviértete en el socio estratégico de todos ellos.

Mis desayunos del Fórum Creix®, que organizo desde el año 2011, han juntado a cientos de empresas y consultores en entornos donde compartir es enriquecerse mutuamente. Esto ha atraído a más clientes que los miles de suscriptores de mis boletines, canales o pódcasts.

/17
Llama proactivamente

Mejora tus sistemas de contacto con clientes potenciales.

Cada vez que un empresario me pide la mejor manera de hacer crecer las ventas de su empresa le digo lo mismo: «llame a sus contactos». Pero cada vez que doy este consejo, el empresario sale con mil y una excusas para no hacerlo. Excusas que van desde «en mi sector esto no funciona» hasta «a nadie le gusta recibir llamadas».

Sin embargo, lo cierto es que las empresas de mayor éxito hablan a menudo con sus clientes, antiguos clientes, colaboradores, competidores... Y lo hacen no porque tengan que vender a puerta fría, sino porque mantienen una relación honesta y genuina con las personas.

Sé que todo el mundo te dice que es necesario tener una buena presencia en internet y las redes sociales, y que tienen un método milagroso para conseguirte un buen puñado de oportunidades llamando a tu puerta, pero lo cierto es que, si bien la presencia en las redes es importante, en la mayoría de los casos no es para vender, sino para ganar credibilidad. Es lo que yo llamo el *marketing cómodo*: publicar contenido esperando que alguien llamará para comprarte.

Pero ¿cuál fue la última vez que alguien te hizo un pedido de 200.000 euros para tu empresa industrial porque leyó una publicación tuya en LinkedIn? No nos engañemos: si no estás en el mundo del *retail*, vender en internet no solo es muy difícil, sino que os hace perder la concentración en lo que mueve realmente las ventas de todas las empresas: la relación directa.

Es lo que yo llamo *marketing incómodo*, y tiene como característica principal buscar el contacto con el cliente potencial, en lugar de esperar a que este se mueva. Es el más eficaz a corto plazo, pero también es el que más esfuerzo pide, ya que requiere soportar muchas barreras, reales y ficticias.

Actualmente, con la excusa de que nuestros clientes potenciales no quieren reunirse con nuestros comerciales, o que la gente odia a los vendedores, muchas empresas se centran en el marketing cómodo, por lo que actualizan la página web, preparan contenido o invierten en anuncios *online*. Y esto está bien, pero no es suficiente.

El motivo por el que se hace, además, es falso: el cliente SÍ quiere reunirse con nosotros.

De hecho, si miras a nuestro alrededor, las empresas que están teniendo más éxito son las que mantienen un contacto más intenso con el cliente y el cliente potencial, aportándoles valor, invitándoles a un evento exclusivo o, simplemente, preguntándoles cómo va todo. Aparte, ahora más que nunca, puedes reunirte con gente que antes estaba demasiado ocupada para atender a una visita presencial, pero que ahora puede dedicar media hora de su tiempo para una videollamada.

Por eso, en este capítulo, el consejo es simple: llamad proactivamente a vuestros contactos, y hacedlo con orden y consistencia.

En primer lugar, preparad una lista de contactos, y segmentadla en estas nueve categorías:

1) Nuestros mejores clientes que podrían comprar más.
2) Clientes con los que no hemos hablado hace más de seis meses.
3) Clientes que nos compraban y ya no lo hacen.
4) Clientes pequeños que podrían comprarnos más.
5) Clientes que han comprado recientemente.
6) Clientes potenciales con los que mantenemos conversaciones activas.
7) Clientes potenciales con los que hablamos pero que no compraron.

8) Clientes potenciales que sabemos que compran en otros sitios.

9) Personas que pueden recomendarnos.

En segundo lugar, definid el objetivo de la llamada, ya sea desde el seguimiento de las conversaciones que no acaban de avanzar hasta el ofrecimiento de un nuevo producto, pasando por invitarles a un evento para clientes y colaboradores o una simple reunión para ver cómo les van las cosas. En cualquier caso, el objetivo principal no es la venta, sino la relación.

Por último, seguid una métrica que os haga ser regulares: haced cinco llamadas al día, por ejemplo.

/18
Fomenta las referencias

Crea un sistema de referencias que haga crecer tu base de clientes sin límites.

Cuando hace unos años pregunté a una audiencia de más de doscientos empresarios de dónde venían principalmente sus clientes, el 94 % me respondió que del boca a oreja.

No lo dejé aquí, y les pregunté cuántos sistemas tenían escritos que fomentaran el boca a oreja a sus empresas. Todo el mundo respondió que ninguno.

Ante esta respuesta casi unánime decidí explicarles qué era el ROI (retorno de la inversión), del que ya hemos hablado en el capítulo 13, y cómo se aplicaba en este caso concreto: el boca a oreja.

Si el ROI mide la rentabilidad de una inversión y tenemos una fuente de ingresos que nos aporta la mayor parte de nuestro negocio pero a la que no dedicamos ningún recurso, significa que tenemos un ROI infinito. Es decir, sin dedicarle ningún esfuerzo, más allá de trabajar bien, vemos cómo algunos clientes nos recomiendan y nuestra empresa crece gracias a estas recomendaciones.

Ahora imaginemos que dedicáramos a ello solo un minuto o un euro. ¿Cuál sería el retorno potencial de esa inversión en tiempo o dinero?

¿Qué hacer para pedir que os recomienden, pues?

El sentido común nos dice que, si deseáis que los clientes os recomienden, simplemente deberéis hacer cosas para ellos que les hagan tan felices que no puedan dejar de hablar de vuestra empresa.

Pero esto no es suficiente. Cuando queremos aprovechar el poder que tienen las referencias en cualquier negocio, todas las empresas deberían tener, al menos, cinco herramientas de referencias funcionando perfectamente y utilizadas de forma sistemática.

Por ejemplo, y cogiendo el testimonio del capítulo anterior, hoy mismo podríais llamar por teléfono a vuestro mejor cliente y, después de preguntarle si está contento con vuestro producto y servicio, preguntarle si conoce a alguien a quien crea que ese producto podrá beneficiarlo tanto como a sí mismo.

Sencillo, ¿verdad?

Esta es la pregunta que hago sistemáticamente a mis clientes y antiguos clientes, y lo peor que me ha pasado es que me hayan dicho: «Pues ahora mismo no me viene nadie a la cabeza, pero pensaré en ello, Oriol.»

Con clientes de todos los sectores, hemos identificado decenas de sistemas que funcionan. Desde añadir a la factura un simple formulario que solicite la opinión al cliente, y le anime a recomendarle, hasta añadirlo al orden del día de todas las visitas comerciales que hace tu equipo, pasando por recomendar activamente a tus clientes para que vean un beneficio mutuo.

Organiza una tormenta de ideas con tu equipo para identificar cómo estos sistemas de referencias, y otros, se pueden adaptar a vuestras necesidades.

/19
Sé excelente en la venta

Mejora tus sistemas para convertir más *leads* en clientes.

Cuando hemos conseguido que se nos abran oportunidades de negocio a través de nuestra capacidad de atracción, de las llamadas proactivas y de las referencias, toca concretar y hacer que estas se conviertan en clientes y que generen el negocio que buscamos.

Es lo que llamamos *conversión*.

Recuerdo a una empresaria a la que asesoraba que me pidió ayuda porque, aunque recibía muchos *emails* y se reunía con mucha gente, no conseguía clientes. Esto le preocupaba porque su situación financiera y sus ánimos cada vez eran peores, y eso afectaba a su vida personal.

Analizando qué ocurría cuando alguien le llamaba, o cómo funcionaban estas reuniones, observamos que las conversaciones no seguían un camino que acompañara al cliente potencial hacia la venta, sino que se dejaban en manos de la espontaneidad. Ensayando conversaciones reales, haciendo yo de cliente potencial, veía cómo la empresaria desperdiciaba todas y cada una de las oportunidades que le ponía delante, porque estaba demasiado concentrada en reaccionar a todo lo que yo le decía, esperando que yo preguntara directamente «¿puedes ayudarme?» en lugar de dirigir la conversación hacia mis retos y acompañarme hacia los próximos pasos.

Es lo que llamaríamos *proceso de venta*.

Un proceso de venta es como un patrón de juego en el tenis. Puedes jugar reaccionando a todo lo que hace tu rival y quizás ganarás, pero no sabrás por qué; o puedes proponer proactivamente un patrón y ser consciente del resultado que obtienes. ¿Con cuál crees que vas a mejorar más a la larga?

Para preparar un proceso de venta son necesarios los mismos ingredientes que para el patrón de juego del tenis: conciencia de lo que hacemos y mucha flexibilidad. Concretamente:

- Debemos saber qué ocurre cuando alguien envía un *email*, y si lo tratamos diferente que cuando llama por teléfono.
- Debemos descubrir rápidamente si es parte de nuestro mercado o no. Y, de serlo, de qué parte del mercado.
- Debemos tener claro qué vamos a proponer en cada caso, ya sea una reunión en sus oficinas, una videollamada, una invitación a un evento o, simplemente, una oferta directa y sin posibilidades de negociación.
- Debemos definir cuáles son los próximos pasos en cada caso, tanto dentro de las reuniones como respecto al seguimiento que realizaremos.
- Y, por último, hay que tener claro cuándo y cómo dejamos escapar la oportunidad porque no es interesante o, simplemente, no es el momento.

Un proceso de venta incluye estos cinco pasos, y se detallan con plantillas, diagnósticos, guiones y sistemas de trabajo, entre otros. Si, por ejemplo, es necesario enviar un catálogo, este debe estar listo. Y si es necesario mantener una reunión, la agenda debe enviarse previamente y realizar su seguimiento *a posteriori*.

¿Y durante la reunión?

El proceso de venta es como el canal de agua por donde se desliza un tronco sobre el que vas sentado: eres tú quien va marcando el rumbo. Tienes que dirigir la conversación, hacer preguntas sin realizar un interrogatorio, detectar los retos —y su urgencia— y plantear próximos pasos, ya sea en forma de nuevas reuniones o preparando una oferta. Finalmente, hay que saber terminarla cuando obtienes el sí, ya sea al negocio (en el improbable caso de realizar la venta en ese momento), a preparar una propuesta o a marcar día y hora para un próximo contacto de seguimiento.

Como le dije a mi cliente: si quieres vender más, juega con intención.

/20
Sigue con eficacia

No dejes que tus propuestas caigan en el olvido.

¿Sabías que varios estudios nos indican que la gran mayoría de los compradores (en promedio, un 70 %) dicen «no» al menos cuatro veces a los vendedores antes de decir «sí»? ¿Y sabías que la mayoría de los vendedores (un 92 % en el caso más extremo) abandonan y prueban con otro comprador antes de recibir ese quinto «no»?

En otras palabras, mientras que el 92 % de los vendedores impacientes van de empresa en empresa buscando el 30 % de las ventas en las que las decisiones de compra son rápidas, el 8 % de los vendedores (los pacientes) tienen la oportunidad de conseguir el 92 % de las ventas.

¿Qué piensas?

Seguro que vosotros sois de los que persisten, pero ¿estás realmente seguro?

Enviar una propuesta y que caiga en el olvido es de las situaciones más tristes que veo en mi día a día, porque no muestra respeto, sino dejadez y carencia de profesionalidad. Vuestro trabajo, como proveedores potenciales, es preocuparos por la situación de vuestro cliente potencial, y no interesarse por si al final ha encontrado una solución (aunque sea con un competidor), no solo os hace perder ventas, sino que estropea vuestra imagen profesional.

Debemos asegurarnos de que nuestro equipo es paciente y persistente. Y, para ello, es necesario crear sistemas que aporten unas herramientas para hacerlo fácil y natural. Sistemas que nos comprometan y, por tanto, nos obliguen a seguir, como por ejemplo una anotación al final del *email* donde enviamos la propuesta que diga algo como: «Te llamo el miércoles 27 a las diez de la mañana para hablar de ello. Si no te va bien, dime en qué momento puedo encontrarte.»

«¿Y si no dicen nada y no responden al teléfono, Oriol?»

Identifica y genera formas creativas de realizar este seguimiento. Maneras que añadan valor a la otra parte. Maneras que no te hagan parecer pesado en lugar de persistente. Por ejemplo, dando alternativas cuando propongáis nuevas fechas para llamar o reunirse.

Ahora bien, vuestro proceso de seguimiento debe incluir hasta cinco contactos, que no necesariamente deben ser iguales, ya que dependerán de si os responden o no.

Si os responden, es cuestión de acordar el lugar y el momento para el siguiente contacto. Incluso si dicen que no, o que ahora no es el momento, nuestro sistema debe permitir establecer una fecha lejana para realizar seguimiento de la situación.

Si, por el contrario, no responden a las llamadas o *emails* que hacéis durante un par de meses, podéis enviar un último *email* agradeciendo el interés y poniéndoos a su disposición si quieren reanudar el contacto.

Por último, si tenéis un equipo comercial, ¿por qué no recompensarlo por ser persistentes? Ya sea con dinero o con otros beneficios, que no se acerquen a una buena comisión por ventas, pero que premien el interés en el cliente.

/21
Sé excelente en el servicio al cliente

Haz que tus clientes no quieran irse nunca.

El primer paso para hacer dinero es no perderlo. Y cuando se marchan los clientes, el dinero se marcha con ellos.

Recuerdo una empresa industrial que perdía cerca del 10 % de negocio cada año y, sin embargo, seguía creciendo. Su director general me llamó porque veía cómo se marchaban comerciales cansados del estrés que provocaba tener que vaciar de agua con cubos un barco con una vía de agua lo suficientemente grande para hundir a cualquier otra empresa. Él seguía pensando que era normal perder negocio en un entorno competitivo, culpando de ello a los bajos precios de algunos de sus competidores, además de quejarse de la juventud, que no está suficientemente comprometida ni preparada para trabajar duro. Su solución era bajar los precios y subir los bonos a los vendedores, sin ver que ambas decisiones apuntaban a la línea de flotación de cualquier negocio: su rentabilidad.

Fue entonces cuando me llamó.

Es el problema de buscar culpables en lugar de causas. Que las soluciones siempre son tan llamativas como ineficientes, ya que no buscan ganar, sino empatar.

La causa se hizo evidente cuando sentamos a personas de varios departamentos en la mesa de juntas: entregamos tarde y con errores, la calidad del producto ha empeorado por las prisas y los clientes nos exigen garantías fáciles de prometer pero difíciles de dar en un entorno tan estresado.

Este es un caso real, pero extremo, lo reconozco. Pero en el día a día, nuestros clientes dejan de trabajar con nosotros por muy diversos motivos, e identificarlos es la mejor manera de evitar los que son evitables.

No hablo del cliente que nos compra una casa y, seguramente, no comprará ninguna otra nunca más. Este no es un cliente perdido, sino un cliente contento, al que hay que pedir referencias.

Hablo del cliente que se va a la competencia o, simplemente, decide no trabajar con nosotros. Aquí es donde debemos poner énfasis.

Las grandes empresas lo controlan a través, entre otras cosas, de las encuestas de satisfacción, que los propios trabajadores te animan a responder con al menos un 7 o un 8 porque saben que es la nota de corte de los problemas. Pero las pequeñas y medianas empresas tenemos una ventaja que a menudo no aprovechamos, que es el contacto directo con el cliente, que evita la baja más dolorosa: la del cliente que se va sin hacer ruido. Aquella mayoría silenciosa que no se ha sentido suficientemente acompañada ni ha visto que el producto o servicio le añadieran un valor especial. Aquella que, cuando le preguntan cómo va, responde «bien».

Hablar con el cliente, escucharle y no responder a la defensiva cuando da su opinión o, incluso, se queja, es una de las mejores decisiones que podemos tomar. A partir de ahí, establecer unos estándares de calidad mínimos, tener un buen servicio de atención al cliente y entregar un 1 % más de lo que prometemos.

Parece fácil, ¿no?

Hazte las diez preguntas siguientes:

1) ¿Sabemos cuáles son las expectativas del cliente?

2) ¿Las cumplimos o superamos?

3) ¿Prometemos lo que podemos cumplir, o sobreprometemos para vender más?

4) ¿Encajan nuestras promesas con las expectativas de los clientes?

5) ¿Hablamos regularmente con nuestros mejores clientes?

6) ¿Sabemos lo que valoran nuestros mejores clientes de nosotros?

7) ¿Y qué les frustra?

8) ¿Recibimos sistemáticamente referencias no solicitadas?

9) ¿Conocen nuestros clientes todo lo que podemos hacer por ellos?

10) ¿Nos piden nuestros clientes cosas que no hacemos?

La excelencia en el servicio comienza a partir de las ocho respuestas afirmativas. Todo lo que esté por debajo, es necesario mejorarlo, si no deseas tener una vía de agua en la empresa.

/22
Sé indispensable

Conviértete en un recurso tan valioso que los clientes no puedan prescindir de ti.

Tu empresa no estaría donde está sin tus clientes más fieles, ¿verdad? Pero, sin embargo, ¿cuánto tiempo dedicamos a identificar y mejorar el valor que les añadimos respecto al tiempo que dedicamos a conseguir más clientes?

Hace años, en el despacho familiar, tomé la decisión de subir los precios de nuestros servicios de forma drástica. En algunos casos, el aumento era de más del 200 % y, a pesar de que lo comunicamos de varias formas, algunos clientes nos llamaron para preguntar y quejarse.

No se dio de baja ninguno.

La frase que siempre recordaré fue la que me dijo una de nuestras clientas más antiguas: «Nos tienen bien cogidos, ¿eh?». Yo le pregunté por qué lo creía, y su respuesta fue que les habíamos acostumbrado a un excelente servicio, y que sabíamos que esto no era fácil de encontrar.

Hacerse indispensable para el cliente no significa hacerlo cautivo, sino convertirse en un socio estratégico suyo. Alguien en quien tu cliente confía lo suficiente para compartir planes de futuro o decisiones complicadas, a menudo no relacionadas con vuestro trabajo. Por ejemplo, cuando un cliente comparte con vosotros eliminar un problema que tiene dentro de su equipo está demostrando un grado de confianza tan elevado que os convierte en un asesor, aunque no lo seáis profesionalmente. Esto es ser indispensable.

Es, como le dije a un cliente, sentarse en la mesa de los mayores.

Hay un momento en la vida en que los adultos te dicen que puedes sentarte con ellos y que ya no hace falta que compartas espacio con el hermano que no come o con el primo que mezcla todo lo que encuentra en la mesa en su vaso. Es el momento en que familiarmente pasas a ser considerado de los mayores, y puedes sentarte en la mesa donde, si bien se tratan temas a menudo aburridos, también se habla de lo importante: la relación con un primo lejano, la fecha del próximo encuentro o qué haremos con el piso de la abuela.

En la empresa, la mesa de los mayores es aquella en la que ya no se habla de pedidos, plazos o facturas, sino que se habla de retos y necesidades futuras. Donde dejas de ser un simple proveedor y pasas a ser un colaborador o un proveedor de confianza, estratégico.

Y el trato a un proveedor estratégico no es el mismo que a un proveedor normal.

Con el primero, se comparten necesidades futuras, que os dan la oportunidad de preparar y adaptar (llegado el caso) vuestros productos y servicios. Entiendes qué implica vuestro producto dentro de la cadena de valor de vuestro cliente, lo que os permite poner un precio adecuado al valor que podéis añadir. Además, permite al cliente entender qué hacéis, cómo lo hacéis y por qué lo hacéis. Así, se reduce la sensibilidad al precio, pero también aumenta la fidelidad y las recomendaciones.

Esta relación no es espontánea, sino que nace de un interés genuino y sincero en vuestro cliente —entendiendo por cliente aquel que disfrutará del resultado que aportará vuestro producto, y no solo aquel que os hace el pedido—. Esto os obliga a identificar figuras que no tienen el mismo papel en vuestra relación, y que abarcan desde el jefe de compras de una empresa hasta su socio o director general. La relación con cada uno de ellos será diferente, y así deberá tratarse, pero solo en lo alto estarás en la mesa de los mayores. Tienes que buscar la ocasión de conocer a aquellas personas y añadirles suficiente valor para hacer que te quieran, ya sea invitándoles al próximo evento que preparáis para personas como ellos o presentándoles un referente de su sector, entre otras iniciativas.

Como le comentaba a un cliente industrial que logró sentarse en la mesa de los mayores de su principal cliente (una gran empresa internacional), ahora te toca escuchar y aportar valor. La venta vendrá, pero no será directa.

/23
Satisfaz más necesidades

Ofrece productos y servicios que cubran más necesidades de tus clientes.

Sentarse en la mesa de los mayores, como decíamos en el capítulo anterior, es importante si quieres saber no solo qué necesitan tus clientes hoy en día, sino qué necesidades tendrán en el futuro y cuáles podemos crear.

Existen tres tipos de necesidades: actuales, futuras y creadas.

Yendo bien, las necesidades actuales las cubrimos con nuestros productos y servicios, y solo debemos asegurarnos de que nuestros clientes saben cuáles podemos cubrir, para no perder ninguna oportunidad. De ello hablaremos más adelante con detalle, y por eso ahora no me extenderé.

Las futuras son las necesidades que sabemos que existirán pero que todavía no están. Ser socios estratégicos de nuestros clientes nos permite descubrir algunas, porque si, por ejemplo, nos dedicamos a hacer adhesivo industrial y en la mesa de los grandes se habla de un nuevo producto que se podría utilizar, nosotros nos podemos avanzar y estar preparados para cuando esto ocurra. Es más, podríamos ofrecernos para colaborar (o estar presentes) en el proceso de diseño, adaptando mejor nuestro producto al suyo.

Ahora bien, si no tenemos este grado de relación con el cliente, entonces debemos detectar las necesidades futuras de forma indirecta, ya sea asistiendo a eventos de los sectores de nuestros clientes, estando atentos a la normativa del sector o mirando qué hace su competencia internacional, por poner tres ejemplos.

Tengo unos clientes que son ingenieros civiles y trabajan, entre otros sectores, para cámpings que, en ocasiones, deben realizar adaptaciones urbanísticas para garantizar la seguridad de los campistas. Estas actuaciones, en ocasiones, conllevan reducciones de parcelas y, por tanto, reducción de ingresos. Por ello, mi cliente, en una ocasión, ante una normativa derivada del riesgo de inundación que ampliaba márgenes y reducía parcelas cercanas al río, previó la necesidad de mantener ingresos y la rentabilidad en los cámpings, ofreciéndoles no solo la adaptación a la normativa aprobada recientemente, sino también un estudio de reparcelación que les ayudaba a mantener parcelas y, en algunos casos, a hacerlas más atractivas, y así poder aumentar los precios.

También ofrecieron a algunos cámpings la posibilidad de buscar terrenos colindantes a través de un colaborador del sector inmobiliario, para ampliar el cámping aprovechando la reparcelación, y también pusieron a algunos en contacto conmigo para ayudarles en la estrategia de crecimiento, dadas las circunstancias.

Satisfacer más necesidades no debe ser opcional en una empresa, si no quieres ir siempre retrasado respecto al nivel del mercado, a la competencia y a la normativa (dependiendo del sector). Debe salir de dentro, y debe fomentarse internamente, animando al equipo a estar atentos a las conversaciones que mantienen con los clientes y los colaboradores. Como dicen en Disney para animar a todo el mundo a mejorar la atención al cliente, todos debemos ponernos las orejas de Mickey.

Lo que no es una opción es quedarnos quietos y esperar a que la necesidad llegue, porque nos hará perder oportunidades ya no solo con nuestro cliente actual, sino con otros sectores que también puedan estar interesados.

/24
Incentiva las compras frecuentes

Crea sistemas que animen a los clientes a comprar más a menudo.

Un cliente industrial se encontraba a menudo con unas puntas de trabajo derivadas de clientes que hacían pedidos a última hora y con urgencia. Esto ocasionaba estrés, pero también un desajuste financiero derivado de mantener un stock más elevado de lo saludable para las emergencias, o bien de pagar precios más altos para realizar pedidos de última hora a los proveedores.

La pregunta era simple: ¿y si pudiéramos prever cuándo hará el pedido cada uno de nuestros clientes?

Si fuera posible, podríamos trabajar con el stock adecuado y pagar unos precios razonables, de modo que mejoraríamos nuestra tesorería mientras, al mismo tiempo, daríamos un mejor servicio a nuestros clientes.

He contado alguna vez cómo mi peluquero (ahora ya retirado) aumentó en un tercio sus ventas conmigo, gracias a agendar la próxima cita después del corte. Si confiaba en mi memoria, un corte que debería hacerse cada seis semanas, acababa haciéndose dos semanas después. Esto, en términos comerciales, equivalía a ir seis veces al año, en lugar de las ocho veces a las que equivaldría si fuera cada seis semanas. La solución ya la he dicho. Animé a mi peluquero a preguntarme cuándo volvería a ir al finalizar el corte, de modo que mis cortes (y sus ingresos) aumentaron en un tercio respecto a la situación inicial.

A todas las empresas, sean del sector que sean, se las puede animar a comprar más a menudo, pero frecuentemente esto no se promueve por miedo a parecer demasiado agresivos en la venta. La realidad, sin embargo, es que el cliente agradece que se le tenga en cuenta a la hora de planificar el trabajo, e incluso cambia de proveedor si ve que otro le ayuda a planificar su propio trabajo.

Con el cliente del inicio de este capítulo —una industria de unos diez millones de facturación— decidimos seguir el ejemplo de mi peluquero y preparamos un sistema que seguía los pedidos de los clientes principales, para estudiar patrones que permitieran anticiparse a ellos. Creamos sistemas de seguimiento y contacto con los clientes, de modo que se mantenía una conversación regular en la que, entre otras cosas, se les preguntaba por sus planes futuros y las necesidades que tendrían. Como cuando un restaurante empieza a preparar platos del menú antes de que lleguen los huéspedes, mi cliente empezó a preparar ciertos pedidos antes de que se hicieran efectivos, poniendo presión sobre el equipo comercial y de atención al cliente para lograr que estos pedidos se convirtieran en realidad.

La respuesta de los clientes no solo no fue negativa, sino que muchos pidieron acceso a la hoja de cálculo con la que se hacía esta previsión, a fin de incluirla dentro de su proceso de compras y mejorar los plazos con sus propios clientes.

Y en cuanto a mi cliente, ¿qué supuso? Avanzarnos al mercado permitió que los pedidos aumentaran de periodicidad, porque ya no era necesario pensar en grandes cifras, sino en muchos pedidos más pequeños y ordenados. Además, nos posicionó como una empresa proactiva, que estaba atenta a las necesidades actuales y futuras de los clientes, gracias a lo cual conseguía nuevo negocio a través de productos diferentes y clientes recomendados, además de unos precios más altos que reflejaban el valor que recibían sus clientes.

¡Y todo esto, manualmente!

Ahora, con los *softwares* actuales y, sobre todo, la inteligencia artificial, es más fácil que nunca avanzarnos a los pedidos de los clientes, y adquiere todo el sentido del mundo tener sistemas de previsión comercial, productiva y financiera, que entren al detalle y permitan afinar mucho más.

/25
Sube los precios

Ajusta tus precios para reflejar el valor real que ofreces.

¿Comprarías tus flores preferidas por 2,02 euros, en lugar de los 2 euros que costaban ayer?

Hace unos años, en el marco de uno de mis desayunos ejecutivos del Forum Creix, hice una pregunta a un grupo reducido de empresarios de sectores y tamaños muy diversos: ¿qué efecto tendría en su cuenta de resultados un aumento del 1 % en sus precios?

La respuesta fue variada: desde una empresa industrial que facturaba 8 millones de euros con un beneficio neto del 10 %, en la que el aumento de 80.000 euros en la facturación (1 %) acababa convertido en un aumento del 10 % en el beneficio neto (los mismos 80.000 euros), hasta un despacho profesional que facturaba un millón de euros, con un beneficio neto del 20 %, que veía que los 10.000 euros de aumento de la facturación se acababan convirtiendo en un 5 % de aumento en el beneficio neto, pasando por un comercio que facturaba tres millones de euros con un beneficio neto muy ajustado, del 3 %, y que veía como un aumento de 30.000 euros en la facturación se traducía en un incremento del 33 %, en el beneficio neto, pasando de 90.000 a 120.000 euros.

Lo hablábamos más adelante con un empresario industrial con el que coincidíamos en que hay ciertos consejos que son transversales, y que benefician a todo tipo de empresas, sean del sector que sean y tengan el tamaño que tengan.

Uno de estos consejos es el aumento de precios. Y los precios son la forma más rápida, directa y duradera de subir el margen de una empresa.

- Rápida, porque depende solo de ti, y podrías aplicarlo hoy mismo a todos tus precios, de forma lineal o de media.
- Directa, porque no afecta a los costes de la empresa. Que vendas más caro no hace que compres más caro o te cueste más producir o entregar el producto o servicio.
- Y duradera, porque es acumulativa, es decir, que sus efectos se acumulan en los próximos ejercicios y aumentos de precios, como si de un interés compuesto se tratara.

Además, subir precios tiene ciertos efectos colaterales que, a menudo, obviamos, pero que ayudan a la empresa y al equipo a mejorar su valor añadido:

- Permiten elegir clientes, echando a los cazaofertas y centrándonos en los que nos valoran.
- Posiciona como marca y producto en un segmento *low-cost* difícil de hacer rentable y sostenible.
- Y mejora la autoestima del equipo y del líder, porque se atraen talento, clientes, inversores, bancos...

Y ya sé que me dirás que no puedes subir todos los precios un 1 %, pero solo que estés atento a los descuentos que aplicáis de forma automática o como parte de un proceso negociador, verás que conseguir ese 1 % (y más) no es tan complicado y resiste mejor el paso del tiempo, ya que se trata de una estrategia consciente y proactiva y no de una táctica *naïf* y perezosa.

¿Qué precios reales cobras por tus productos o servicios (deduciendo descuentos u ofertas habituales, por ejemplo)? ¿Qué efecto tendría en vuestra cuenta de resultados un aumento del 1 % en vuestros precios?

/26
Aumenta las ventas con opciones premium

Haz que los clientes opten por opciones más caras.

Aumentar los precios directamente es, como hemos visto, no solo posible, sino recomendable en mercados en los que el valor añadido es diferencial. Pero esta no es la única manera de aumentar los ingresos. A veces, antes que justificar un precio más alto, lo necesario es ofrecer opciones que permitan al cliente decidir hasta dónde quiere llegar y cuánto está dispuesto a invertir. Un despacho de arquitectos especializado en casas unifamiliares para clientes de alto nivel económico me pidió una vez ayuda con su estrategia financiera. Al pedirles una muestra de presupuestos y trabajos que hacían para sus clientes, me encontré con unos presupuestos que no solo no expresaban el gran valor que añadían (la felicidad de un hogar a medida y el disfrute del proceso) sino que, además, no aprovechaban todo lo que podían hacer de más por los clientes, que era mucho, dado el perfil al que se dirigían.

Lo primero que les propuse fue comunicar mejor el valor en el presupuesto actual y, así, subir los precios al nivel que correspondía. Pero esto sería repetir lo comentado en el capítulo anterior.

El segundo paso fue añadir una segunda opción a su propuesta, que permitiera ir más allá con sus clientes, ofreciéndoles un nivel de acompañamiento, detalle y garantía que añadiera suficiente valor al cliente para ponerle un precio mucho más alto. El resultado fue que, aunque solo una minoría calificada pasaba a pagar más por los servicios (con el consecuente aumento de la facturación y el beneficio), el resto optaban por la versión básica del presupuesto, pero ya no pedían servicios no incluidos en el precio inicial. Así, se evitaban lo que en inglés se conoce como *scope creep*, que vendría a ser el aumento del alcance del servicio a través de nuevas peticiones que no se tenían en cuenta en el presupuesto inicial. Una auténtica pesadilla, sobre todo para los negocios de servicios profesionales.

Es simple: si solo tienes un precio, estás equivocado, porque cada cliente está dispuesto a pagar un precio diferente, incluso por el mismo servicio. Por eso, si no puedes poner un precio verdaderamente a medida que tenga presente todas y cada una de las posibilidades, lo mejor es que ofrezcas opciones al cliente que le permitan elegir su precio y su producto.

Una opción *premium* no solo sirve para servicios profesionales, sino para todo tipo de empresas, que pueden dar:

- Atención personalizada
- Plazos más cortos
- Garantías adicionales
- Productos personalizados
- Trazabilidad exhaustiva
- Precios especiales en nuevos productos
- Y muchas cosas más

¿Queréis vender más?

Ofreced más, unid el espacio que hay entre lo que el cliente pide y lo que necesita. Este es el auténtico valor añadido, pero pocas empresas se atreven a cubrirlo porque tienen miedo de parecer agresivos (¡otra vez!). Sin embargo, la realidad es que el cliente muy a menudo no sabe qué necesita, y nuestro trabajo es hacerle las preguntas adecuadas para encontrar esta necesidad.

Y la mejor pregunta es: ¿por qué?

Solo preguntando esto a todos nuestros clientes potenciales cuando nos piden algo, ya podríamos crear mejores presupuestos. Si, además, ofrecemos opciones que les permitan crecer con nosotros, conseguiremos aún más dinero.

Probadlo.

/27
Fomenta la venta asociada

Ofrece productos complementarios para aumentar el valor de cada compra.

Pero no os quedéis con la idea de vender más a los potenciales clientes que os piden presupuesto por primera vez. Poned el radar en aquellos que están más abiertos a probar nuevos productos o servicios adicionales: vuestros clientes actuales. Ya os conocen, y os valoran, pero a menudo no saben qué más podéis hacer por ellos.

Esta es una de las frases más tristes que un cliente os puede decir: «No sabía que también lo hacíais.»

¿Os ha pasado alguna vez?

Dejadme que os diga cómo no encontrarse nunca más con ello.

Nuestros clientes actuales nos conocen, nos valoran y, sobre todo, confían en nosotros, porque ya hemos creado una relación suficientemente sólida para que sepan nuestro nivel de rigor y cumplimiento. Esto les hace más abiertos a probar todo lo que podemos ofrecer.

A menudo se dice que lo mejor es ofrecer un producto actual a un cliente nuevo, pero esto requiere crear una nueva relación y ganarse la confianza a un ritmo que, según el sector del que se trate, puede ser muy lento. Con los clientes actuales este trabajo ya está realizado, y podemos arriesgarnos a ofrecer productos o servicios ya existentes o nuevos.

Un cliente, al entrar, a menudo lo hace porque tenía una necesidad concreta para la que hemos preparado un presupuesto y nos lo ha aceptado. Si, además, como decíamos en el capítulo anterior, no investigamos sus necesidades reales ni le ofrecemos opciones para comprarnos más, es muy probable que el cliente que entra comprando el producto A se quede comprando este producto de por vida (si hacemos las cosas bien).

Pero, ¿y el resto de nuestros productos?

En 2017, en mi libro *El empresario proactivo* presentaba lo que llamamos la matriz de las oportunidades, que verás a continuación.

	PRODUCTO A	PRODUCTO B	PRODUCTO C	PRODUCTO D	PRODUCTO E	PRODUCTO F
CLIENTE 1		VENDIDO			HABLADO	HABLADO
CLIENTE 2	HABLADO		VENDIDO	VENDIDO		
CLIENT 3	VENDIDO		HABLADO		HABLADO	

La matriz de las oportunidades nos muestra qué productos o servicios compra cada cliente, de modo que podamos ofrecerle aquellos que no conoce. Las casillas en blanco son oportunidades perdidas que, o bien debemos llenar con un «VENDIDO», si nuestro cliente lo compra, o con un «HABLADO» si se le ha ofrecido.

Esta matriz fue la base que un corredor de seguros con el que trabajo desde hace años usó para el *software* de gestión de su empresa y el área privada para sus clientes. Tanto su equipo como sus clientes (empresas y entidades) tienen a simple vista las oportunidades, tanto de venta como de cobertura de riesgos, lo que genera un alineamiento de intereses entre ambos que aumentó drásticamente sus ventas y los riesgos cubiertos, dejando a sus clientes más contentos y protegidos.

Y vosotros, ¿tenéis a la vista las oportunidades desperdiciadas, comunicadas y vendidas de vuestros clientes?

/28
Escucha al cliente

Dedica los esfuerzos a lo que importa.

En el mundo de las ventas, a menudo se piensa que la clave del éxito está en tener un discurso persuasivo y convincente, que muestre las características y los beneficios de los productos que venden. Sin embargo, la realidad es tozuda, y mientras miles de comerciales dedican su tiempo a tratar de convencer a clientes de las bondades de sus productos, las ventas siguen sin llegar con la velocidad necesaria, y las que llegan lo hacen con márgenes descafeinados, consecuencia de querer captar la atención con los precios cuando no lo han hecho escuchando las necesidades de los clientes.

En el fútbol, tener la posesión de la pelota generalmente se considera una ventaja. Decía Johann Cruyff que tener el balón evitaba que el rival marcase, además de permitir controlar el ritmo del juego y crear oportunidades de gol. Sin embargo, en el contexto de las ventas, esta analogía se invierte. Cuando un vendedor domina la conversación, hablando más que el cliente potencial, está perdiendo una oportunidad dorada de entender las necesidades, deseos y preocupaciones del cliente.

¿Sabes a qué dedican el tiempo vuestros clientes?

Algunos estudios indican que los empresarios solo dedican un 1 % de su tiempo a comprar. El 99 % restante lo pasa dirigiendo el negocio y trabajando para alcanzar sus objetivos.

En cambio, la mayoría de vendedores invierten más del 60 % de sus conversaciones hablando del producto, y solo un 40 % en hablar de los objetivos de sus clientes.

Esto muestra una disociación clara, ¿verdad?

A partir de la experiencia con cientos de empresas, desarrollé mi "fórmula de la eficacia comercial", que utilizo para medir la eficacia real en las ventas. Una fórmula sencilla pero reveladora, que muestra dónde se pierde dinero cuando se habla demasiado y se escucha poco.

$$E = [(Tc \times Tv) + (To \times Tv)] \times 100$$

En qué:

- Tv = Tiempo de venta
- Tc = Tiempo de compra
- To = Tiempo dedicado a entender los objetivos del cliente

Cuando aplicamos los datos reales de los estudios comerciales, la fórmula nos revela una eficacia media del 40,2 %. Pero si invertimos las prioridades, el resultado sube hasta el 59,8 %.

Hice el cálculo con un cliente industrial y descubrí que, ciertamente, los comerciales dedicaban la mayor parte de sus llamadas a hablar y mantener la posesión, en lugar de preguntar al cliente y escucharle.

Escuchar es crucial porque nos permite entender realmente qué necesita el cliente, en lugar de realizar suposiciones basadas en experiencias previas o en lo que se cree que el cliente quiere. Un vendedor atento, además, puede realizar las preguntas adecuadas para ofrecer soluciones más completas o identificar nuevas oportunidades de negocio.

Cuando un equipo de ventas habla más de lo que escucha, no solo se pierden ventas potenciales, sino que también se pone en riesgo la rentabilidad del negocio. Las ventas forzadas o mal ajustadas a las necesidades del cliente pueden resultar en descuentos innecesarios, insatisfacción, devoluciones o, en el peor de los casos, en la pérdida de clientes a largo plazo.

Por eso, aplicando la fórmula al proceso comercial de mi cliente trabajamos en un proceso de venta que incluyera más preguntas y pausas que respuestas y soluciones preconcebidas. Esto llevó a más clientes y ventas cerradas, pero también a identificar oportunidades de venta asociada o de venta adicional para clientes actuales, que quizás no eran evidentes al principio pero que repercutieron en un aumento significativo del valor de cada transacción y en la mejora de la rentabilidad gracias a la venta de productos de mayor valor añadido. Así logramos aumentar las ventas de 8 a 10 millones de euros de facturación, y el beneficio neto, del 7 al 10 % de estas ventas.

/29
Vigila los descuentos

Entiende los costes reales para maximizar las ventas.

Si eres como la mayoría de los empresarios que conozco, sabes que el coste de tus ventas es lo que has gastado en la compra de la materia prima o en producir el producto final que vendes. Se llama *consumo* o *aprovisionamientos*, y nos sirve para calcular el margen bruto que obtenemos de las ventas que hacemos.

Pero, ¿y si te dijera que tienes un coste mucho más elevado en tu cuenta de resultados oculta dentro de tu cuenta de resultados? ¿Y si te dijera que este coste sube muy a menudo a un 30 %, un 40 % o un 50 % de las ventas?

Observa esta cuenta de resultados simplificada:

CONCEPTO	IMPORTE
VENTAS	2.000.000
COSTES DIRECTOS	(1.950.000)
RESULTADO	50.000

Nos encontramos ante una empresa que tiene un beneficio de un 2,5 % de sus ventas, debido a unos costes directos muy elevados. Si de esa cifra descontáramos los indirectos, probablemente nos situaríamos en pérdidas, y no tardaríamos mucho en cerrar. O, al menos, así lo veía la familia empresaria que la dirigía, y yo mismo al echarle el primer vistazo.

Sin embargo, la realidad es que cuando entramos a mirar detalladamente su cuenta de resultados encontramos algo que hizo tambalear no solo la cuenta de resultados, sino toda su estrategia comercial.

Esta era la cuenta de resultados real:

CONCEPTO	IMPORTE
VENTAS (SEGÚN TARIFA)	3.000.000
DESCUENTOS	(1.000.000)
VENTAS	2.000.000
COSTES DIRECTOS	(1.950.000)
RESULTADO	50.000

En muchas industrias los descuentos son la mayor parte de los costes, pero al no aparecer como tales (son menos importe que la venta) no se perciben al leer una cuenta de resultados. Además, se dan generalmente sin participación ni autorización de la administración de la empresa. Simplemente, el equipo comercial los aplica dentro de unos márgenes, y sin tener en cuenta lo que representan en los resultados que, en el caso que nos ocupa, asciende a un tercio de la facturación.

Y esto lleva al desbarajuste que muestra la cuenta de resultados que hemos visto.

Fijaos. Si no aplicáramos estos descuentos, la empresa pasaría de perder dinero a ganarlo cómodamente, gracias a un ahorro que lleva directamente a precios netos y ganancias más elevadas.

Para resolverlo, es necesario dirigir los descuentos desde tres ópticas:

- En primer lugar, es necesario reforzar los procedimientos de autorización y establecer una estrategia de precios seria, y que vaya más allá del descuento. He dado algunos ejemplos en capítulos anteriores.

- En segundo lugar, utiliza descuentos creativos. Por ejemplo, reemplaza los descuentos de tarifa plana (por ejemplo, «el 10 % en todo y a todos») con descuentos por volumen (por ejemplo, «un 5 % en los primeros 10.000 euros, el 15 % en las ventas por encima de 100.000 euros»).

- Por último, analiza regularmente el impacto de los descuentos en tu cuenta de resultados, manteniendo así un control sobre tus costes reales, y no solo los visibles.

El descuento es una buena herramienta comercial, pero debe entenderse como lo que es: un gasto. Solo así podremos trabajar y minimizar su impacto, rebajándolos y asociándolos a una estrategia comercial y financiera.

/30
Reduce herramientas

Haz que la tecnología trabaje para ti y no tú para la tecnología.

Me considero una persona pionera en el ámbito tecnológico. Quizás no soy el primero en utilizar una herramienta, pero suelo formar parte de la primera ola de usuarios y clientes. Esto me llevó, cuando dirigía la empresa familiar, a introducir nuevas herramientas que yo descubría y que creía que podían aportar mucho valor a nuestro equipo y nuestros procesos. Y, de hecho, era cierto. Escogía las mejores herramientas para gestionar tareas, tomar notas, planificar proyectos o realizar la contabilidad, entre otros, y eso nos ayudaba a hacer mejor nuestro trabajo.

Sin embargo, esto venía con tres consecuencias inesperadas:

- El aprendizaje y adaptación a las novedades de cada herramienta eran más pesados porque tenías que convivir con varios ecosistemas digitales a la vez, lo que provocaba muchas conversaciones basadas en «¿y ahora cómo se hace esto?».
- La multitarea era más complicada, porque no es lo mismo tener una herramienta abierta en la pantalla del ordenador que tener cinco minimizadas.
- La inversión económica era mayor y, sobre todo, descontrolada, porque había herramientas de pago anual y mensual, por usuario y por datos, por ejemplo.

Me di cuenta cuando una de mis trabajadoras se quejó de una actualización de una de las herramientas que usábamos.

Me dirigí al equipo y les pedí su opinión con una simple pregunta: «¿Qué preferís, trabajar con una sola herramienta que nos dé el 80 % de lo que queremos o varias herramientas que nos den el 100 % de lo que queremos?».

La respuesta, aunque no fue unánime ni concluyente, nos llevó a un debate que acabó con una decisión: era necesario reducir las herramientas a las que realmente aportaran el máximo valor con el mínimo esfuerzo por nuestra parte. Y esta segunda parte era la clave de todo.

La tecnología no es un trofeo: es una herramienta. Si no os hace ganar tiempo o dinero, os hace perderlo. Es así de simple. Por eso, en lugar de ser los que más tecnología utilicéis, tenéis que ser quienes mejor la utilicen. Esto significa analizar mis «4 P» del crecimiento proactivo y su impacto en el uso de la tecnología:

- Tener un propósito claro para el uso de la herramienta.
- Disponer de los procesos adecuados para realizar mejor el trabajo.
- Formar y escuchar a las personas que lo implementarán.
- Y, por último, revisar el provecho que obtenemos.

En mi empresa eliminamos cinco de las herramientas que utilizábamos y nos centramos en las dos que nos ofrecían lo que queríamos de una manera más eficiente y eficaz. Con ello ahorramos cerca de quince horas semanales y aumentamos el beneficio neto de la empresa alrededor de un 4 %. ¿No os parece suficiente? Imagínate vuestros resultados si en lugar de ser diez personas (como nosotros) sois veinte, o cincuenta.

No te diré que dejes de utilizar la tecnología durante un mes, porque la empresa debe continuar y las herramientas son las que mantienen abierta la puerta y los productos en circulación. Pero sí te animo a mirar cómo las utilizáis: detecta patrones de dependencia, duplicidad y ruido.

Si necesitáis cinco herramientas para hacer lo que dos ya resuelven con un 80 % de eficiencia, estáis perdiendo el tiempo, el dinero y la energía. Elegid pocas herramientas, formaos bien y dejad el resto.

La tecnología no debe ser perfecta, debe ser útil.

Solo así dejará de ser una carga invisible y se convertirá en una palanca de rentabilidad.

/31
Forma bastante y bien

La formación no es útil hasta que cambia comportamientos.

Dicen que Henry Ford dijo que «solo hay algo peor que formar a un trabajador y que se vaya. Y es no formarlo y que se quede».

Tenía razón. Yo añadiría que tener personas poco formadas en la empresa es la opción más cara, con diferencia. Y, desgraciadamente, muchos la ven aún como un lujo en el que invertirán «si tenemos tiempo y dinero». A estas personas les diría que quizás no tienen tiempo ni dinero porque no forman al equipo. O, si son empleados, puede que no tengan tiempo ni dinero porque no se forman lo suficiente.

Permitidme ser impopular. El trabajo de un empresario es hacer crecer a la empresa y a las personas. Y el trabajo de los trabajadores es crecer profesionalmente para su beneficio y el de la empresa.

Y esto se hace formándose en lo que es relevante y valioso para ambas partes.

- La formación debe ser relevante porque el aprendizaje debe ser coherente con el propósito de la empresa y la persona. No podemos formar en el uso de una máquina a alguien que no la va a utilizar. O realizar un máster en finanzas empresariales si nuestro trabajo no requerirá estos conocimientos ni queremos que este sea nuestro camino profesional.

- Y, en segundo lugar, la formación debe ser valiosa. Es decir, no solo debe responder a una necesidad del puesto de trabajo, sino que debe hacerlo de forma que aporte beneficios tangibles e intangibles. Esto significa que no valen las formaciones genéricas que no serán aplicables a la empresa ni aquellas que, a pesar de ser adecuadas por el rol, no lo son para el resultado que queremos obtener.

Ahora bien, la formación no es suficiente si queremos sacarle provecho. Formar sin aplicar es perder tiempo y dinero.

Recuerdo a un cliente que tenía un plan de formación muy ambicioso, y que se cumplía rigurosamente cada año. Había cursos y jornadas de todo tipo para trabajadores de todos los ámbitos, pero una vez pasados los cursos, nadie aplicaba nada. La formación era una parte esencial de aquella empresa, pero se había convertido en un trámite más que, si bien gustaba a los trabajadores más motivados, no representaba cambios tangibles que permitieran ver sus resultados. Esto, a la larga, ocasionó una desmotivación por parte del equipo y una frustración por parte de la familia empresaria, que no veía el motivo.

Hablando con el equipo directivo concluimos que había demasiada formación y demasiado generalista, que no permitía realizar cambios en los procesos o comportamientos de la empresa y las personas, que reducía las horas de trabajo efectivas de los trabajadores y que, en consecuencia, aumentaba su coste.

La solución fue cuádruple:

1) Revisamos el calendario formativo del equipo, analizando el propósito de cada actividad, su encaje con el rol de la persona y la aplicabilidad real.

2) A continuación, recortamos en aquellas iniciativas que no aportaban valor ni a la empresa ni al equipo, reduciendo el volumen de horas dedicadas a la formación más «reglada».

3) En tercer lugar, repensamos el modelo de formación, combinando la formación más orientada a aprender nuevas habilidades con la mentoría interna llevada a cabo por superiores y compañeros, con el objetivo de acompañar el crecimiento profesional de las personas.

4) Y, por último, empezamos a premiar a quien implantara un aprendizaje que mejorara un proceso.

Este proceso les hizo mejorar la productividad en cerca de un 30 %, liberaron tiempo para abrir nuevos mercados y consiguieron un beneficio inesperado: la rotación del personal se rebajó prácticamente a cero y la atracción de nuevo talento aumentó considerablemente.

Conclusión: paga formación solo si puedes medir un resultado concreto (tiempo, margen o conversión, por ejemplo). El resto es entretenimiento corporativo.

/32
Elimina clientes no rentables

Libera recursos deshaciéndote de los clientes que no aportan valor.

¿Estás seguro de que tu principal cliente es tu mejor cliente?

A lo largo de mi carrera profesional he aprendido que el éxito no se mide en dinero, sino en libertad. Y la libertad de trabajar con quien quieres es una de las más importantes, porque es trabajando como pasamos más de un tercio de los días laborables, en promedio.

Desgraciadamente, este aprendizaje no ha llegado de forma positiva, sino siempre a golpes.

Recuerdo que, cuando hacía pocos años que me había establecido por mi cuenta, mi principal cliente, una gran empresa del sector servicios, me exigió una rebaja de mis honorarios, no temporalmente sino para siempre y porque sí. No había motivo aparente alguno, y el contrato que teníamos firmado se alargaba dos años más, pero se vieron con fuerza para apretar a sus colaboradores más cercanos y me amenazaron sutilmente con dejar de pagar aferrándose a la letra pequeña. La propuesta que me hicieron no solo reducía mis honorarios a la mitad, sino que cambiaba el objetivo del proyecto de mi trabajo y me convertía, *de facto*, en un trabajador del departamento de recursos humanos de la empresa. Decliné la oferta y les dije que no me interesaba trabajar con ellos.

A pesar de la reducción de ingresos que sufrí de inmediato (representaba el 40 % de mis ingresos), liberé suficiente tiempo y energía para hacer tres nuevos clientes en los meses siguientes, y terminé el que fue entonces el mejor año de mi carrera profesional.

La realidad es que a lo largo de los tres años de relación que llevábamos las condiciones habían ido cambiando sutilmente, ya que me pedían favores y yo aceptaba tareas y horarios que no deseaba, pero en ese momento consideré que era más importante consolidar mi negocio que ponerme exigente.

Pero era un error, y ahora lo veo. Los malos clientes echan a los buenos clientes, a los buenos trabajadores y los buenos resultados.

No te diré que hagas un perfil de cliente ideal y que califiques a tus clientes actuales a partir de eso, porque ya lo habrás oído muchas veces (también de mí) y, no nos engañemos, los empresarios no tenemos clientes ideales, sino clientes objetivo. ¿Cuál es la diferencia?

El cliente ideal responde a un retrato robot que identifica aquellos aspectos que consideres importantes para trabajar con él, ya sea el tamaño, la distancia, el sector, la edad o la simpatía, entre otros.

En cambio, el cliente objetivo no es un retrato estático, sino un vídeo dinámico, que cambia con la empresa y con nosotros mismos. Es decir, el cliente objetivo responde a criterios que responden a preguntas como:

- ¿Qué aportamos nosotros a este cliente concreto?
- ¿Qué nos aporta este cliente a nosotros?
- ¿Qué coste tiene atenderle?

No olvides que el principal coste de la empresa es el de la oportunidad, y que estar trabajando para un cliente que no responde a tus objetivos empresariales y personales representa no solo reducir márgenes en algunos casos, sino sobre todo reducir la libertad de elegir vuestro camino futuro y el próximo paso a dar.

He encontrado empresas que no se atreven a realizar cambios en el producto por culpa de clientes que no eran los adecuados pero que representaban una parte importante de sus ingresos. Esto les hacía sentirse seguros, pero los márgenes seguían reduciéndose y las oportunidades por no innovar se perdían irremediablemente.

No dejes que te ocurra. Échalos antes.

/33
Busca mejores ofertas (una vez)

Los ahorros se encuentran comparando, pero se mantienen fidelizando.

Todos conocemos a personas que viven persiguiendo descuentos y cupones, convencidas de que ahorran. Son las que llegan al supermercado con el folleto en la mano y acaban comprando más de lo que querían porque el folleto las empuja a consumir más de lo que necesitaban, además de visitar más tiendas (con la consecuente dedicación de tiempo) para conseguir pequeños descuentos que, dicen, terminan representando una cifra importante.

Veo tres errores en este comportamiento:

- **Miran el precio, no el gasto total.** Se fijan en el descuento unitario y olvidan si realmente necesitan tres por dos.
- **Siguen la estrategia de otro.** El vendedor marca el ritmo y ellos solo reaccionan con él.
- **No valoran su tiempo.** Ahorran euros pero pierden horas.

A muchas empresas les ocurre lo mismo. Cambian constantemente de proveedor o renegocian cada trimestre pensando que optimizan, pero lo que logran es perder estabilidad y foco.

A base de buscar la mejor oferta, acaban desconectándose de la estrategia y las prioridades, y cuando cada decisión de compra se toma de forma aislada, sin una visión global, el resultado es claro: desorganización, pérdida de tiempo y costes ocultos.

Recuerdo una empresa industrial que descubrió que pagaba un 12 % más por el mismo suministro que un competidor. No tardó en reaccionar, y se puso a estudiar el mercado, comparar precios y negociar con diferentes proveedores para conseguir la mejor oferta, lo que le permitió ahorrarse 18.000 euros en el primer año. Pero lo que ocurrió al año siguiente te sorprenderá. En lugar de seguir buscando mejores ofertas, negociando con más proveedores y consiguiendo nuevos descuentos, mantuvo el proveedor e invirtió ese tiempo en vender más. Entendió perfectamente que el ahorro importante era el primero, pero que, a partir de ese momento, conseguir un euro más de descuento costaba muchos más esfuerzos que podían dedicarse a actividades más productivas.

En tres años, el beneficio creció mucho más que el ahorro inicial, lo que le llevó a ganar poder de mercado y, en consecuencia, de negociación a futuro.

Podríamos decir que buscar ofertas es una acción inteligente, pero solo si tiene un final y no se convierte en un hábito que acaba dañando los recursos y el foco de la empresa.

Este resultado nos animó a crear un proceso para las decisiones de compra, que se resumía en estos puntos:

- Revisa solo tres contratos clave al año (energía, logística, servicios).
- Pide ofertas alternativas, negocia y cierra la mejor para todo el año.
- El resto del tiempo, dedícalo a vender, innovar o descansar.

Los cazadores de ofertas encuentran descuentos, lo que les hace sentirse tan productivos como aquellos que se dedican a responder mensajes compulsivamente para vaciar la bandeja de entrada, sin pensar en cuáles son los mensajes importantes que deben ser tratados en primer lugar.

En cambio, las empresas inteligentes encuentran beneficios que las hacen progresar gracias al foco puesto en la estrategia y en el largo plazo.

Encontrar la mejor oferta es solo el primer paso. Lo siguiente, y lo que realmente marca la diferencia, es saber cómo la cierras y con quién la mantienes.

/34
Negocia con habilidad

Consigue mejores términos y condiciones que beneficien a la empresa y al proveedor.

Una de las primeras tareas de responsabilidad que mi padre me encargó en la empresa familiar fue negociar la compra de material de oficina.

Hasta entonces, la hacía un empleado con un gran talento para realizar tratos, pero no para la negociación. Para él, ganar significaba que el otro debía perder, lo que le llevaba a no fomentar relaciones basadas en el beneficio mutuo a largo plazo, sino a ganar a corto plazo un buen precio para todos los productos posibles del catálogo. Es cierto que los costes de compra los mantenía bajos, pero además de quemar proveedores clave para nosotros, sus compras provocaban externalidades negativas para el resto del equipo, porque era necesario almacenar, por ejemplo, papel excesivo en nuestro limitado espacio, con lo que esto comportaba en tiempo y riesgos.

Le acompañé a varias reuniones y aprendí a tener la asertividad necesaria para transmitir lo que quieres y cómo lo quieres en entornos complicados.

Sin embargo, tomando como referencia el principio de Pareto, decidí sentarme con nuestro principal proveedor de material de oficina y hacerle una propuesta muy concreta.

En aquellas épocas, el consumo más elevado que teníamos de material de oficina era el papel, el tóner y el material de archivo (carpetas, cajas...), y por eso me centré en estos tres productos a la hora de negociar.

Concretamente, pedí que me hicieran las mejores condiciones posibles para estos tres productos, tanto en precio como en condiciones de compra, a cambio de aceptar el precio de catálogo del resto de material que compráramos. Si habéis comprado alguna vez material de oficina a través de catálogo, sabréis que nadie paga el precio que sale allí, como tampoco nadie paga el precio que sale en el anuncio de un coche. Siempre hay unos descuentos que se aplican de forma casi automática.

Àngels, la comercial de la empresa proveedora, no supo qué responderme inicialmente, pero recogió el guante y me dijo que al cabo de veinticuatro horas me trasladaría una nueva propuesta, que se resumió así:

- Recortaron el precio del papel, el tóner y el material de archivo muy por debajo de lo que pagaba nadie de nuestro entorno.

- Además, el precio se mantenía durante todo el año, hiciera cuando hiciera los pedidos, por lo que podíamos hacer pedidos más pequeños y no era necesario guardar todo el material de oficina en nuestra casa.

- Y, por último, tendríamos acceso directo a un área privada para grandes cuentas, que nos permitía no solo realizar los pedidos *online* (una novedad, entonces), sino tener condiciones preferentes en las entregas.

Con los años, ella me reconoció que mi propuesta les había sorprendido, pero que estaba contenta de haber presionado a los jefes para aceptarla. Nosotros nos convertimos en unos clientes estratégicos para ellos, y ellos se convirtieron en unos proveedores estratégicos para nosotros.

¿Qué más queríamos?

/35
Reestructura la deuda

El poder financiero es del que se adelanta.

Si os encontráis en una situación financiera complicada, renegociar la deuda es imprescindible para la supervivencia de la empresa.

¿Qué significa esto?

Cuando firmáis una operación de financiación con el banco, este os ofrece unas condiciones que, con mayor o menor margen, negociáis: tipos de interés, plazos de pago o comisiones, entre otras. Todo queda reflejado en un contrato que compromete a ambas partes a cumplirlo, pase lo que pase.

El problema es que un contrato es fruto de una situación concreta, y cuando esta cambia, mantenerlo inalterado puede impedir aprovechar nuevas condiciones más favorables.

Es como las ofertas de las compañías de telefonía: premian a los nuevos clientes, pero no a los antiguos. La diferencia es que el contrato telefónico dura un año; el financiero, puede durar muchos más.

Aquí es donde entra la renegociación. Como indica su nombre, consiste en redefinir las condiciones según la realidad actual, no la de años atrás.

Además, requiere el visto bueno del banco, que debe ver una ventaja propia: una duración más larga del préstamo que le garantice mayores ingresos, la fidelización del cliente o simplemente mayor seguridad de cobro.

Para el banco, la renegociación no es una concesión: es una inversión en continuidad. Compra tiempo, estabilidad y mejor probabilidad de cobro, mientras conserva un cliente que ya conoce y en quien confía.

Y así es como también debes verlo tú, tanto si la buscas por necesidad como por oportunidad.

Cuando la situación financiera es delicada, la renegociación viene prácticamente sola: el banco sabe que tiene mucho que perder y suele cooperar. Pero cuando se renegocia desde la fortaleza, simplemente para mejorar condiciones, el panorama cambia.

El banco sabe que existe el riesgo de que te vayas con otra entidad, lo que le hace más flexible. No incumpliría ningún contrato, pero le obligaría a revisar condiciones si quiere retenerte.

Por ejemplo, una empresa de servicios con un préstamo de 500.000 euros a 5 años y un tipo del 5 % pagaba una cuota anual de unos 115.000 euros. Al ver que el contexto había cambiado, propuso al banco una renegociación a 8 años con un tipo al 3,8 %, similar al que ofrecía la competencia. El banco aceptó, ya que prefería asegurar el cobro completo antes que presionar a un cliente solvente. El resultado fue inmediato: la cuota anual descendió a unos 75.000 euros, con lo que se liberaban 40.000 euros de tesorería cada año.

Con esa liquidez adicional, la empresa pudo adelantar pagos a proveedores estratégicos, obtener descuentos y reducir su dependencia del crédito a corto plazo.

Tres años después, el ahorro financiero acumulado superó los 120.000 euros.

¿Y el banco?

Tampoco perdió. Pese a reducir el tipo de interés, el alargamiento del plazo le permitió cobrar más intereses en total, mantener un cliente solvente y reducir el riesgo de impago.

En lugar de forzar un cobro rápido y arriesgado, aseguró ingresos constantes por más tiempo.

Para el banco, la rentabilidad no viene de la prisa, sino de la continuidad.

Y cuando un cliente demuestra previsión y transparencia, la renegociación deja de ser un problema para convertirse en una inversión segura.

Parte III.
El liderazgo

Todo lo que hemos visto hasta ahora (la tesorería y el beneficio) es cuestión de números. Pero lo que hace que estos números funcionen es lo que no sale en los balances: las personas y las decisiones.

He visto a empresas con buena tesorería y márgenes sólidos quedarse atascadas por falta de liderazgo, y otras, mucho más pequeñas, crecer porque su líder era capaz de hacer implicar, decidir y priorizar.

El liderazgo no va de carisma, sino de claridad, coherencia y coraje: claridad para saber qué quieres, coherencia para mantener el rumbo y coraje para tomar decisiones incómodas a tiempo.

Esta última parte habla de esto: de cómo liderar con eficacia para ganar tiempo, confianza y resultados. De cómo pasar de ser indispensable a ser influyente. De cómo construir una empresa que funcione incluso cuando tú no estás.

La tesorería te da aire y el beneficio te aporta solidez, pero el liderazgo es el que te da futuro.

Empecemos.

/36
Identifica los indicadores clave

Monitoriza los indicadores financieros para asegurar la rentabilidad.

Cuando Amos Tversky (1937–1996), compañero de investigación de Daniel Kahneman, dirigió una unidad del ejército israelí, se encontró con un grupo de soldados que habían apaleado a un oficial sádico. Para ayudarles a evitar el castigo, les recomendó que, cuando les interrogaran, inundaran las respuestas de detalles hasta que los interrogadores perdieran el hilo.

Funcionó.

Con la información empresarial ocurre lo mismo: demasiados detalles confunden más que informan.

Muchos empresarios, con el ánimo de «tenerlo todo bajo control», permiten que los inunden de datos irrelevantes. Y eso, además de perder tiempo, hace perder dinero: ralentizando la toma de decisiones, desviando el foco y multiplicando el coste de oportunidad.

Como en un coche, tan malo es conducir a oscuras como hacerlo deslumbrado.

El director general de una empresa familiar a la que asesoro recibía cada mes un informe financiero con más de 40 ratios y sus correspondientes: ventas, tesorería, endeudamientos, rentabilidad, valoraciones... Todo.

El equipo dedicaba dos jornadas completas al mes a recopilar datos y preparar informes, que terminaban leyéndose en dos minutos.

Ninguna decisión. Ninguna acción. Solo ruido.

El director financiero decidió reducirlo a tres indicadores clave (margen bruto, flujo de caja operativo y tiempo medio de cobro) y el cambio fue inmediato:

- Eliminaron 16 horas mensuales de trabajo administrativo (unos 8.000 euros anuales de ahorro directo).
- Detectaron que los clientes pagaban con 15 días de retraso respecto a la media del sector y aplicaron incentivos de anticipación, lo que mejoró la tesorería en 60.000 euros en seis meses.
- Y el margen bruto subió un 2 % en un año simplemente por haber actuado sobre lo que realmente importaba.

Esto daba un total de 68.000 euros de impacto positivo anual, solo por haber dejado de medir lo que no era necesario y centrarse en aquellos indicadores que eran clave para la estrategia de la empresa.

Quedó demostrado que tres números valían más que cuarenta gráficos. Y que era mejor centrarse en lo prioritario, también en lo referente a la información financiera.

A menudo explico a los empresarios que la información es inversamente proporcional al nivel dentro de la empresa:

- el contable debe verlo todo;
- la dirección financiera, lo que es importante, y
- la dirección general, solo lo decisivo.

Como empresario, pues, una página con lo relevante es suficiente para dirigir bien. Lo demás es ruido que cuesta tiempo, dinero y oportunidades.

¿Quieres un consejo? Elige tres indicadores esenciales de tus estados financieros e ignora el resto durante 90 días. Si mejoran, no hace falta más. Y cuando cambie tu estrategia, cambia también los indicadores: porque la empresa no debe medirse con lo que fue, sino con lo que quiere ser.

/37
No te olvides de los indicadores no financieros

Asegúrate de que también estás generando valor no financiero.

Imagínate que diriges una empresa de servicios profesionales con 80.000 euros de beneficio, que representan un 10 % sobre vuestras ventas. Estarías contento, ¿verdad? Al fin y al cabo, ganáis bastante dinero.

¿Pero qué pensarías si te dijera que tenéis una rotación del personal del 35 %? Es decir, que un tercio de tu equipo se va cada año y debes sustituirlo. Ya no parecen unos números tan buenos, ¿verdad?

Al fin y al cabo, cada baja supone en vuestra empresa cerca de 7.000 euros de gasto extra, entre selección, formación y pérdida de productividad. Con ocho bajas al año (como era el caso), el coste oculto asciende a 56.000 euros. Lo que significa que, en lugar de ganar un 10 % sobre ventas, deberíais estar ganando un 17 %. Y esto, repetido a lo largo de los tres años que dura esta rotación, significa 168.000 euros menos en vuestra cuenta corriente, antes de impuestos.

Un coste oculto que, además, muestra algo más preocupante: una insatisfacción del equipo que seguro se notará en el servicio que recibe el cliente y, por tanto, en los ingresos potenciales que recibimos. De hecho, ya hemos empezado a notar este factor porque hace unos años que notamos que hay clientes que se marchan sin un motivo aparente, mientras que los que se quedan piden descuentos y tu presencia en todos y cada uno de los proyectos que lleváis a cabo.

«Tenéis beneficios, pero perdéis clientes, talento y dinero», les espeté.

Es como mirar el salpicadero de un coche y relajarse pensando que el motor funciona mientras el depósito se está vaciando.

Otro caso era el de una gran empresa industrial que se gestionaba con una página dividida en tres columnas y nueve indicadores. Facturaban más de cien millones de euros y la dirigían dos socios que se sentaban con el equipo directivo una vez por semana para discutir lo que llamaban *flash proactivo*, y que iba más allá de la información financiera porque miraba en el día a día indicadores comerciales, operativos y financieros.

La empresa miraba el pasado, sí, pero sobre todo observaba el presente para prever el futuro. Y lo hacía atendiendo a cifras importantes para su éxito: ya fuera la calidad de su producto, el número de oportunidades de venta que tenían abiertas o el cumplimiento de plazos de entrega, entre otros.

De hecho, años después hice lo mismo con la empresa de servicios profesionales del primer ejemplo. Les ayudé a medir los factores que afectaban a la rotación del personal y que les suponían una sangría tan importante, como el clima interno, el número de horas de formación o la satisfacción del cliente. Descubrimos problemas de sobrecarga laboral, falta de reconocimiento y escasa comunicación.

El dinero explica el pasado, pero los comportamientos explican el futuro.

Instauraron revisiones semanales, conversaciones con el equipo y pequeños ajustes de horario, y al cabo de solo un año la rotación había descendido al 10 %, el margen neto había subido tres puntos y la tesorería había mejorado.

No vendieron más ni subieron precios: cuidaron a la gente que generaba el dinero.

Lo que no mides se escapa. Y lo que solo mides con dinero antes o después te va a salir caro.

Así pues, detente a pensar cuáles son los factores que explican el éxito de tu empresa e identifica un indicador para cada uno de ellos, para controlarlos de forma semanal o mensual.

Y, si alguno empeora, actúa antes de que la cuenta de resultados y el balance de situación no te lo recuerden.

/38
Haz un presupuesto con propósito

Los números sirven para guiarte, no para limitarte.

A los diecisiete años hice la primera gran compra de mi vida: una bicicleta de montaña. Ahorré pagas semanales y regalos varios durante mucho tiempo, hasta que logré mi preciada Specialized Rockhopper, roja, que aún ronda por casa en perfecto estado. Eran 70.000 pesetas (420 euros) y me costó Dios y ayuda obtenerlas, pero lo logré, y me sentí muy orgulloso. La primera salida que hice con la bicicleta, además, fue muy especial, porque decidimos ir con mis amigos hasta Montserrat, por caminos de tierra. 110 kilómetros de ida, y la vuelta en tren. Valió la pena.

Una empresa hace dinero cuando consigue alinear dos cosas muy simples pero a menudo separadas:

- Un presupuesto, que define los recursos disponibles y cómo se utilizarán.
- Un objetivo, que indica dónde quieres llegar y qué resultados quieres obtener.

Si se hace un presupuesto pero no tiene un objetivo tangible, hay que controlar el gasto, pero no se generará crecimiento porque no hay un propósito claro y atractivo que mueva los engranajes de la empresa con proactividad.

Y si se tiene un objetivo pero ningún presupuesto, se entrará en un mar de frustración porque se tendrá ambición, pero no base económica.

Por eso pude comprarme la bicicleta, y tantos otros niños consiguen sus deseos: porque tienen ambas cosas, y las convierten en un plan ejecutable, medible y rentable.

Un presupuesto con propósito no sirve, pues, para controlar, sino para dirigir.

Una empresa de servicios facturaba 900.000 euros anuales y preparaba el presupuesto como una simple revisión del año anterior, haciéndose cada año la misma pregunta: «¿Cuánto hemos gastado?».

Y año tras año, todo seguía igual.

Hasta que un año decidieron empezar por el final y formular la pregunta correcta: «¿Cuánto queremos ganar y de dónde va a salir?».

Fijaron un objetivo de beneficio neto del 12 % y rediseñaron el presupuesto en torno a dos palancas:

- Reducir un 5 % los gastos fijos sin impactar en la actividad.
- Aumentar un 10 % los ingresos con los clientes más rentables, subiendo precios en proyectos estratégicos y eliminando aquellos que solo aportaban volumen.

Al año siguiente, la facturación ascendió a 990.000 euros, pero su beneficio creció de 65.000 a 118.000 euros.

Solo facturaron un 10 % más, pero ganaron un 80 % más.

Pasaron de hacer un presupuesto para sobrevivir a hacerlo para crecer, y les funcionó porque unieron los fundamentos financieros que toda empresa necesita (aumentar ingresos, reducir gastos...) con un objetivo lo suficientemente atractivo como para remover la estrategia de la empresa desde dentro, a través de preguntas como: ¿cuánto queremos ganar? ¿Cómo lo conseguiremos? ¿Qué recursos necesitamos?

La conclusión sería que el dinero debe seguir a la estrategia, no sustituirla.

Un presupuesto sin propósito es una foto fija, y un objetivo sin presupuesto, una mera ilusión. Es cuando se unen que se convierten en beneficio planificado. Y eso da al empresario la mejor sensación que puede tener: la de saber que el dinero ya sabe dónde debe ir antes de llegar.

/39
Prioriza el crecimiento inteligente

No todo lo que crece genera beneficio.

Si te preguntara cómo quieres que sean tus hijos (si tienes) cuando sean mayores, ¿qué responderías?

Estoy convencido de que, en ningún caso, han salido las palabras *alto* o *grueso*, ¿verdad? Habrá palabras como *feliz, generoso, amable, sano, inteligente, libre...*

Entonces, ¿por qué cuando hablamos del crecimiento empresarial nos fijamos solo en el volumen?

Muchas empresas confunden crecer con ganar más. Facturan más, trabajan más, pero tienen el mismo dinero y más estrés que antes de hacerlo.

Como un cliente, que me dijo una vez que «cada vez que crecemos, debemos pedir más crédito». Esto no es crecer, le dije: es financiar el desorden. Es como aquella empresa que crece a base de quemar al equipo o al empresario: a corto plazo es mayor, pero a largo plazo es un páramo.

El problema es que el crecimiento, cuando no se planifica con criterio, tiende a tragarse los beneficios, la tesorería y la salud. Se destinan recursos, horas y expectativas sin tener en cuenta tres preguntas básicas: ¿qué nos aportará?, ¿cuándo veremos su retorno? y ¿cómo lo financiaremos hasta que llegue?

Una empresa de distribución, por ejemplo, logró un nuevo contrato con una gran cadena de supermercados que le suponía un aumento del 20 % de la facturación. El problema es que ese cliente exigía plazos de pago de 90 días, descuentos comerciales y servicios logísticos adicionales. A finales de año, la facturación había subido de 4 a 4,8 millones de euros, pero el beneficio neto había caído del 6 % al 3 %. Trabajaban más, pero ganaban la mitad. El crecimiento, mal planificado, había empobrecido a la empresa.

Al año siguiente aplicaron un criterio simple y radical: crecer solo en aquellos clientes y productos que cumplieran tres condiciones (margen positivo, cobro inferior a 45 días y potencial de recurrencia). Facturaron menos, 4,5 millones, pero el margen neto volvió al 6,5 %. Menos volumen, mayor beneficio.

Este es el auténtico crecimiento inteligente: aquel que hace crecer el resultado, no solo el trabajo; el que mejora la caja antes de hacer crecer la cuenta de resultados, y el que permite que duermas tranquilo, sabiendo que no vas a necesitar más financiación para pagar tu propio éxito.

Después de haber hecho un presupuesto con propósito, llega el momento de decidir dónde pisar el acelerador y dónde el freno.

En primer lugar, asegúrate de que cada nueva línea de negocio, producto o cliente cumple al menos una de estas tres reglas:

- Aporta margen o reduce costes recurrentes;
- mejora la tesorería o la rotación de caja, y
- aumenta el valor de la empresa a medio plazo.

Todo lo que no cumpla una de estas condiciones es crecimiento de decorado, ruido que se disfraza de progreso.

Y, en segundo lugar, haz un ejercicio tan simple como revelador: revisa tus líneas de negocio y márcalas con tres colores.

- Verde, si generan margen y buena tesorería: hazlas crecer.
- Amarillo, si aportan volumen pero poco margen: optimízalas.
- Rojo, si crecen pero te ahogan la caja: redúcelas o elimínalas.

A los pocos meses tendrás una visión clara de dónde ganas dinero, dónde solo lo mueves y dónde lo pierdes. Y entonces descubrirás que crecer no consiste en hacer más cosas, sino en hacer mejor las que realmente te hacen ganar y eliminar todo lo que solo ocupa espacio.

/40
Aprovecha las horas anuales

No hay que trabajar más horas, hay que hacerlas rendir.

Cuando asumí la dirección del despacho familiar, una de las primeras prioridades a las que me dediqué fueron los horarios. Estábamos en pleno auge de las jornadas intensivas en muchas empresas y algunos trabajadores me habían pedido hacer lo mismo en el despacho. Les dije que no, porque consideraba (y todavía considero) que la jornada intensiva es profundamente improductiva. En lugar de eso, establecí un horario más flexible, terminando la jornada a las seis de la tarde para ayudar a conciliar así la vida familiar del equipo con la profesional.

Sin embargo, este no fue el cambio más profundo. Como asesoría fiscal, había momentos de mucha carga de trabajo y otros más tranquilos. De septiembre a abril trabajábamos de 9 a 19 horas, y de mayo a julio hasta las ocho de la tarde para cubrir la campaña de rentas. Aquel sistema provocaba que en momentos puntuales (facturación, impuestos trimestrales o nóminas) fuera necesario hacer horas extras que, evidentemente, el despacho pagaba, lo que reducía nuestro beneficio. Además, había desigualdades internas: personas del área laboral hacían horas durante la campaña de rentas, a pesar de no ser responsables directas, y después debían hacerlas, también, cuando llegaba su propia punta de trabajo.

El cambio fue sencillo: aplicamos las horas anuales del convenio colectivo y ajustamos la jornada semanal en función del trabajo real de cada área y persona. Si el convenio marcaba unas 1.750 horas anuales, nosotros fijamos unas 1.650 obligatorias, manteniendo el sueldo pero introduciendo flexibilidad de entrada, salida y comidas. El horario era completo durante el año y por las mañanas en verano. Esto permitía adaptarse a las necesidades reales sin perder control ni compromiso.

El resultado fue muy positivo. El volumen de trabajo se mantuvo, pero la productividad creció gracias a una distribución más inteligente del tiempo y a un claro incentivo para el trabajador: si soy eficiente, trabajaré 1.650 horas y cobraré 1.750. Además, cada departamento podía organizarse según su ciclo natural: el fiscal concentraba horas durante las campañas de impuestos, el laboral durante las nóminas y seguros sociales. De este modo, las horas extras desaparecían en el margen anual, lo que mejoraba el beneficio y reducía la tensión del equipo.

El siguiente paso natural sería, hoy, aprovechar la misma lógica para incorporar herramientas que permitan una gestión más eficiente del tiempo y de los espacios. El teletrabajo parcial o la flexibilidad de ubicación, bien aplicados, pueden reducir gastos generales, mejorar la concentración y dar continuidad a la actividad sin aumentar horas. No se trata de trabajar menos, sino de trabajar mejor, haciendo que cada hora tenga mayor valor productivo y económico.

El consejo está claro: diseña sistemas de trabajo que midan resultados, no presencia. Redefine la jornada con objetivos anuales y utiliza la flexibilidad (horaria y organizativa) como una herramienta de competitividad, no como una concesión. Si tu equipo tiene margen para organizarse y sabe lo que debe conseguir, producirá más, mejor y con menos coste. La flexibilidad no es un privilegio: es una estrategia de beneficio.

Recuerda: la productividad no depende de las horas trabajadas, sino de cómo las utilizas.

/41
Delega con eficacia

Multiplica los resultados delegando de forma inteligente.

Si todo pasa por ti, tú eres el cuello de botella.

Muchos empresarios quieren crecer, pero todo depende de ellos: las decisiones, los clientes, los problemas. Y mientras trabajan sin cesar, el negocio se queda esperándoles.

Como si un director de orquesta quisiera tocar el trombón mientras dirige: podría hacerlo unos segundos, pero no podría terminar la sinfonía.

Tu papel no es tocar, sino hacer que los demás toquen bien.

Recuerdo a un empresario que firmaba personalmente todas las ofertas. «Así controlo mejor los márgenes», me decía. Pero ese control le hacía perder oportunidades. Cuando finalmente formó a una persona para que lo hiciera en su lugar, triplicó la velocidad comercial y aumentó las ventas un 25 %.

Delegar no es perder control. Es multiplicar capacidad. Cada decisión que sigues centralizando es una oportunidad que bloqueas.

Pero la teoría ya la sabemos. Lo que nos pasa es que no sabemos cómo hacerlo, y esto se debe, principalmente, a cuatro razones muy simples: la falta de confianza («yo lo haría mejor»), el miedo a perder el control («si no lo hago yo, no quedará bien»), la falta de comunicación («hazlo» sin explicar qué ni por qué) y la poca preparación («hazlo», pero sin dar herramientas ni información).

Quizás te has visto reflejado en una o varias, pero el resultado siempre es el mismo: un empresario cansado y un equipo que no crece.

La buena noticia es que todas estas barreras se pueden resolver si entiendes algo esencial: no todos los trabajos piden el mismo nivel de delegación. No se trata de confiar ciegamente ni de dejar de hacerlo todo, sino de saber a qué nivel quieres actuar tú y a qué nivel puede actuar el equipo.

Esto es lo que explica mi pirámide de la delegación:

NIVEL	ROL	RESPONSABILIDAD	PROPÓSITO
Directivo	Decidir	Definir qué hacer y por qué así	*Hacer pensar y hacer crecer*
Ejecutivo	Coordinar	Asegurar que las cosas pasen	*Hacer que se haga, y mejor*
Productivo	Hacer	Ejecutar tareas siguiendo procesos	*Hacerlo bien*

Delegar no es dejar de hacer: es decidir a qué nivel quieres actuar.

Y cuanto más arriba subes, más multiplicas el valor de tu tiempo, la autonomía de tu equipo y los resultados de tu negocio.

En una empresa pequeña, a menudo eres tú quien ocupa los tres sitios a la vez. Pero el crecimiento comienza cuando consigues que otras personas asuman los dos primeros niveles y tú puedas en el tercero.

Recuerdo a un director técnico de una empresa industrial que revisaba cada detalle de producción. Pasaba doce horas semanales supervisando procesos que ya estaban controlados por los jefes de línea. Cuando decidió traspasarles la responsabilidad y limitarse a revisar tres indicadores clave de calidad, recuperó un 15 % de su tiempo. Con ese tiempo, renegoció compras y optimizó procesos. En un año, el margen bruto subió un 2,4 % y las incidencias se redujeron un 20 %.

Delegar no solo le ahorró horas: le hizo ganar dinero.

Si dedicas diez horas semanales a realizar labores de nivel productivo, y tu tiempo vale 80 euros la hora, estás perdiendo más de 38.000 euros al año en trabajo que no hace crecer ni el negocio ni a ti mismo. En cambio, invertir una pequeña parte en formar y empoderar al equipo puede devolverte ese importe multiplicado.

La acción es clara: escribe todas las tareas que solo tú puedes realizar. Si hay más de tres, estás frenando a la empresa. Cede una cada semana hasta que recuperes tiempo para pensar.

Delegar no es soltar: es hacer que las cosas ocurran sin ti, pero gracias a ti.

/42
Busca la relación, y no el dinero

Cuanto más lentamente trates la relación, más rápidamente llegará el dinero.

Hace unos años recibí una llamada de un potencial cliente pidiéndome una videoconferencia para la semana siguiente. Tenía un problema con uno de los miembros de su equipo directivo y quería saber mi opinión al respecto. Se trata de una empresa de artes gráficas con la que coincidí cuando dirigía el despacho familiar y con la que he mantenido el contacto a lo largo de los años. Siempre me ha gustado hablar con él, y no dudo que puedo ayudarles, así que le di mi opinión, y ahora trabajamos juntos en la solución. Durante años, puse la relación por delante del negocio y este, finalmente, ha llegado.

Si algo he aprendido a lo largo de los años es que las empresas que tratan las relaciones como base de su negocio son más sólidas que las que se aíslan. Y por eso os animo siempre a mantener relaciones basadas en un interés genuino por el otro.

Me piden a menudo qué habría que hacer diferente ahora que vivimos tiempos convulsos en el mundo, pero en realidad no se me ocurre otra cosa que seguir haciendo lo que nunca deberíamos dejar de hacer: relacionarnos.

Piensa en el momento más duro del confinamiento del año 2020. ¿Qué creció más que nunca? ¡Exacto! Las videollamadas con la familia, los clientes y los equipos. La base del negocio del pasado, el presente y el futuro: la relación. Por tanto, si quieres conseguir grandes resultados a partir de ahora, ponte en modo relacional y abraza los comportamientos que te harán crecer y prosperar. Estos son algunos de los que he visto funcionar estos meses:

- **No vendas, ayuda.** Como un cliente industrial me dijo hace unos días, «la mejor estrategia que he seguido nunca fue ayudar a mis distribuidores a vender, no solo sus productos, sino también los del resto de proveedores». Mi cliente tiene un buen equipo de marketing y, en lugar de guardárselo en un cajón, lo pone a disposición de clientes y distribuidores para ayudarles a mejorar sus resultados, siguiendo el principio de ayudar para vencer.

- **Haz fácil irse y harás fácil entrar.** Los negocios que mejor funcionan son aquellos que tratan al cliente (y al potencial cliente) con respeto. Un cliente me pidió «congelar» nuestra relación mientras superaba un grave problema. Nunca he dudado de los clientes porque siempre he tenido mucho cuidado en elegirlos. Quiero que estén conmigo por «amor» y no por necesidad. Por eso, darse de baja de mis servicios es tan fácil como darse de alta. En tiempos inciertos, ofrece garantías que nadie más ofrece. ¿Son imposibles? ¿Cómo lo sabes?

- **Más tecnología = más contacto.** La tecnología te permite mayor contacto que nunca. Los clientes potenciales están más accesibles que nunca gracias a la tecnología, puesto que es más fácil que un comprador acepte una reunión por Zoom o Teams que una visita presencial, así que pon a tu equipo comercial a llamar a clientes (actuales, antiguos y potenciales). No admitas (ni pongas) excusas.

Y no dejamos el confinamiento del 2020. Durante aquellas semanas, me propuse llamar a todos mis clientes y antiguos clientes regularmente. Les llamaba para preguntarles cómo les iba y darles consejo, gratuitamente, por supuesto. En ningún momento me planteé cobrar, y tuve muy claro que lo primero, en aquel momento tan difícil, era apoyar a empresas que lo estaban pasando muy mal. Salieron grandes ideas, que mis clientes (y yo mismo) aplicamos a lo largo de los meses siguientes, y algunos de mis clientes todavía me recuerdan que ese contacto constante conmigo les fidelizó más que cualquier servicio que pudiera ofrecerles en un futuro.

La clave de las relaciones con nuestros clientes es siempre el valor. Por eso, más que pensar en cómo vender productos o servicios, debemos pensar en cómo convertirnos en socios estratégicos de aquellos con los que trabajamos.

Hagáis lo que hagáis, estáis en el gremio de las relaciones.

/43
Toma decisiones ágiles

Pensar demasiado es una forma de miedo.

Nada de lo que has leído en este libro servirá si no sabes tomar decisiones y arriesgarte. Puedes tener buenos números, un presupuesto con propósito, procesos eficientes, un equipo implicado y clientes rentables, pero si dudas frente a cada paso, el crecimiento se detiene. El dinero no llega por pensar mejor, sino por decidir antes y actuar con criterio.

Hace un tiempo vi un vídeo de un saltador de Red Bull. Trepaba a casi sesenta metros de altura, respiraba, miraba hacia abajo y saltaba. Todo el proceso, desde que tomaba aire hasta que tocaba el agua, duraba menos de cinco segundos. No había margen para repensar nada, solo para hacer lo que sabía acabaría haciendo. Y, viéndole, pensé en un cliente mío.

Hacía poco que había hablado con el socio director de una empresa familiar de Girona con la que habíamos definido una nueva estrategia de precios. Estaba contento con la propuesta y convencido de los cálculos, pero me dijo que quería presentarla al consejo de dirección antes de implementarla, para recoger ideas y matices. Le pregunté cuándo tenía previsto arrancar y me respondió que quizás en septiembre sería demasiado justo, que quizás lo dejaría para primeros de año.

Y ahí está el problema. En muchas empresas, las decisiones se toman de forma diferida, como si cada paso necesitara una segunda opinión antes de ejecutarse. El director general recibe un encargo, realiza un análisis, consulta al equipo, pide opinión a un experto y, cuando ya ha llegado a una conclusión, vuelve a empezar. Reúne de nuevo el consejo, añade matices, busca más datos, y todo ello convierte la decisión en un proceso circular que nunca termina. Mientras, el mercado ya ha cambiado y las oportunidades que parecían evidentes se difuminan o pasan a manos de otro. Pensar demasiado no mejora las decisiones, solo las retrasa, y decidir tarde, a menudo, cuesta más que equivocarse.

La toma de decisiones es, a menudo, un salto a la excelencia. Como el saltador, entrenas, analizas el viento, esperas el momento adecuado, pero llega un punto en el que solo puedes saltar. No hay simulacros posibles. La diferencia es que el empresario, a diferencia del saltador, puede corregir: si se equivoca, aprende; si acierta, crece. Por eso siempre digo que equivocarse rápido es una manera de acertarla antes.

A mi cliente le había llegado el momento de hacerlo. Cuando le pregunté qué era lo peor que podía pasar, me dijo que simplemente podía perder a ese cliente. «Exacto», le respondí. «Y si lo pierdes, sabrás qué debes cambiar.» Una semana después había aplicado los nuevos precios y logrado dos operaciones nuevas. La información obtenida valía más que cualquier reunión previa. El beneficio llegó después, pero el aprendizaje, al día siguiente.

En la vida y en los negocios hay decisiones que hay que pensar y otras que es necesario llevar a cabo. Las primeras mantienen a la empresa; las segundas la hacen crecer. Por eso, ante una decisión clave, fíjate una regla simple: piensa en ello, analízalo, pero no dediques más de 72 horas. Luego, actúa. La acción genera más información que cualquier análisis, y solo quien salta aprende a volar.

Conclusión

Menos, mejor

Si has llegado hasta aquí, ya has hecho lo más difícil: detenerte.

En un mundo que premia el movimiento constante, detenerse a pensar en cómo ganar mejor, en lugar de simplemente ganar más, es un acto de madurez y liderazgo.

Este libro no ha querido enseñarte a hacer más cosas, sino a hacer menos cosas inútiles. A ver a tu empresa como una herramienta, no como una cárcel. A entender que el dinero no es un objetivo, sino una consecuencia de lo que haces bien, de cómo decides, cómo te relacionas, cómo te centras y cómo te cuidas.

Las empresas que perduran no son las que más facturan, sino las que saben por qué hacen lo que hacen, y que convierten a este «por qué» en decisiones concretas, medibles y sostenibles. Las que crecen sin perder el alma. Las que entienden que el orden precede al crecimiento, y el propósito precede al beneficio.

Te invito a releer este libro, a subrayar ideas, a aplicar solo una o dos y ver su efecto antes de continuar. A hablar con tu equipo, con otros empresarios o, si quieres, conmigo.

Porque hacer crecer una empresa no es una carrera individual, sino un ejercicio compartido de mejora constante.

Si alguna de estas páginas te ha hecho repensar una decisión, una forma de trabajar o una excusa, ya habrá merecido la pena.

Y si te ha ayudado a hacer crecer tu negocio sin perder libertad ni sentido, aún más.

El verdadero éxito no es ganar más, sino ganar mejor.

Porque al final, el dinero es solo una medida: la verdadera riqueza es poder elegir qué hacer con tu tiempo.